マーケットデザイン入門

オークションとマッチングの経済学

坂井豊貴 著

ミネルヴァ書房

はじめに

　ネアンデルタール人は，生物種として私たち現生人類ときわめて近い，別系統の人類である．かつて両者は地上で共存していたが，約3万年前に彼らは絶滅してしまった．一方，現生人類は，少なくとも読者のあなたが本書を読んでいるということは，いまだに生き延びている．両者の命運を隔てたものは何だったのだろうか．

　この問いに対するひとつの経済学的な回答は，現生人類は分業と交換を行っていたが，ネアンデルタール人はそうでなかったというものである[1]．分業により労働の生産性を高め，そうして供給される財を，交換により需要する者へと行き渡るようにする．人材の適切な配置と財の効率的な配分を導く社会制度の有無と，それを支える能力の差異が，種の存続に大きなインパクトを与えたというわけである．このストーリーは，マーケットが内部での競争の場である以上に，外部との競争を生き抜くための共生の手段であることを示唆している．

　マーケットデザインは，ネアンデルタール人が姿を消した今日の地上における，優れた人材配置や財配分を実現する方法を見付けるための，現生人類によるひとつの試みである．本書ではその理論と実用について入門的な解説を行う．現在，マーケットデザインというときには，実際的な制度設計を視野に入れた上での，オークション理論とマッチング理論を指すことが多く，本書が扱うのも

---

[1] Horan, R.D., Bulte, E., and Shogren, J.F. (2005) "How Trade Saved Humanity from Biological Exclusion: An Economic Theory of Neanderthal Extinction," *Journal of Economic Behavior and Organization* Vol. 58, pp. 1-29.

これら両理論である．著者の知る限りでは，マーケットデザインに関する，このような初学者向けのテキストは世界でも他に例が無い．

マーケットデザインの知識が貢献した有名な例としては，日本を除く多くの国で実施された周波数オークションがあり，効率的な周波数割り当てを実現するとともに，各国政府が何兆円もの収益を上げたことは記憶に新しい．また，腎臓ドナーマッチングや公立学校マッチングに関する応用は，既に米国で大きな成功を収めている．これらの具体的な応用においては，純粋理論の研究を行っている経済学者たちが，学問的成果に基づき制度を設計した．紙と鉛筆から生まれる研究と，その実用との距離が短いことは，この分野の大きな魅力である．

本書は初学者を対象としており，経済学を含むその他の知識はほとんど前提としていない．数学的な証明については小さなステップを端折らず，細かく書いたつもりである．丁寧に論理を追う姿勢さえあれば，高校生でも本書を読み進めることはできるだろう．

特徴と構成 ゲーム理論はマーケットデザインの基礎理論だが，本書はゲーム理論の予備知識を前提としていない．ただし，ゲーム理論に基づく概念を扱うときには「ゲーム理論の言葉では，これはこのようにいう」といった形で言及し，関連付けを行った．また，難度を下げるため，積分を極力用いないようにした．それゆえ，統計的な概念を用いた議論，特に不完備情報ゲームとして定式化される議論を，本書は多く含んでいない．積分を用いるのは第2章の全般と第3章のごく一部だけであり，積分に不慣れかつ学ぶつもりの無い者は，それらの箇所をスキップすればよいだろう．なお，本書で必要な最低限の統計的概念については，第2章の補論で簡単な解説を与えてある．

本書は第I部と第II部から構成され，それらはほぼ独立している．第I部ではオークションの解説を行う．本書では，各入札者が，財に対してそれぞれ独自の評価を持つ，私的価値モデルのみを扱う．入札者たちの評価付けに互いに相関がある，相互依存価値モデル，およびその重要な特殊ケースである共通価

値モデルは扱わない．これは，私的価値モデルが最も基本的であること，そして相互依存価値モデルは統計的な扱いが本書のレベルを超えるからである．第1章では単一財オークションについて扱う．単一財オークションは，より複雑な環境を扱うための基礎となるものであり，オークション理論のモチベーションや多くの重要概念をここで解説する．単一財オークションにおける，統計的な概念を用いた議論は，全て第2章にまとめた．第3章では複数財オークションを扱う．ここでは過少ビッドや架空名義入札など，比較的新しい話題もいくつか取り上げてある．第4章では，予算バランスが重要な役割を果たすケースである，ダブルオークションと公平分担問題について論じる．

第II部ではマッチングの解説を行う．マッチングを学ぶ際には，組み合わせ理論的な独特な頭の使い方と，帰納法に基づく論理展開を追うことが，しばしば必要となる．この負担を軽減するため，ここでは一般的なモデルよりも，具体例を用いて解説や証明を行うことを重視した．第5章では住宅市場問題と呼ばれる，財と財の交換問題を扱う．第6章では腎臓ドナーのマッチングを念頭に置き，ペア同士の財交換問題を考える．第7章では一対一マッチング，第8章では一対多マッチングについて論じる．そして第9章では，一対多マッチングの応用として，公立小・中学校の学校選択マッチングについて考察する．腎臓ドナーのマッチングと学校選択マッチングは，マッチング理論が有効に活用できるフィールドとして，近年特に注目されているものである．

各章の終わりには「文献補足」という節を設け，そこで参考文献や関連文献について簡単に言及した．ただし，本書は入門用テキストという性格上，オリジナルの文献を全て引用しているわけではない．この点については，本書に関連する学問の発展に寄与してきた研究者の方々に感謝するとともに，ご容赦をお願いしたい．

本文ではアルファベット表記を極力避け，英語は可能な限り日本語に訳して用いた．これは，和文にアルファベットが多く混じると，視覚的に乱雑になるからである．既存の日本語文献に適切な訳語が無いものは，著者の考えで訳した．

その際，もとの英語自体があまり適切でないと判断した場合は，直訳よりは意訳を行った．方針としては「名は体を表す」訳語を採用した．例えば，ある英語文献では，オークションで最高入札者が財の落札者となることを「standardness」というが，これは「標準性」でなく「上位落札性」と訳した．もとの英語は索引で「上位落札性（standardness）」のように併記した．

なお，本書はあくまで入門書であり，具体的な個別のマーケットデザイン問題のために書かれた，詳細な説明書ではない．一般に，それぞれの問題には特有の制約や事情があり，それらを考慮したうえで実際的なデザインは行われる必要がある．本書で学べる基本的な概念やアプローチは，そのための土台となるものである．

謝辞 本稿の作成過程で，宇井貴志氏，加藤晋氏，久保田昌幸氏，高宮浩司氏，濱田弘潤氏，藤中裕二氏，若山琢磨氏から，きわめて有用なコメントを多数いただいた．また，黒田翔平氏，小林創氏，坂井万利代氏，武岡則男氏からは様々な助言をいただいた．本書は，横浜国立大学経済学部のゼミナールにおいて，著者が用いた講義ノートを加筆修正したものである．第I部の草稿は，入谷純氏のオーガナイズによる神戸大学経済学部「六甲フォーラムサーベイレクチャー」でも講義ノートとして用いた．これらの参加者の方々からは，内容や表現について多くの助言をいただいた．ミネルヴァ書房の堀川健太郎氏は，本書の出版について熱心に取り組んでくださった．執筆中に第二子を授かったが，義母の竹内幸子氏はこの前後の長期間，家庭を全面的に助けてくれ，著者が作業を行える環境を作ってくれた．以上の方々に深く感謝の意を表す．

私にかけられた多大な教育投資への，ささやかなリターンとして，本書を両親，坂井章と記美子に捧げる．

2010年7月

坂井豊貴

目　次

はじめに……i
記法……ix

第Ⅰ部　オークション

第1章　単一財オークション……3

1.1　はじめに……3
1.2　モデル……3
1.3　封印型オークション……5
1.4　公開型オークション……16
1.5　マイナスの評価値とビッド……20
1.6　まとめ……21
文献補足……21

第2章　期待収入……23

2.1　はじめに……23
2.2　第1価格オークションのもとでの入札者の行動……24
2.3　第1価格オークションのもとでの期待収入……26
2.4　第2価格オークションのもとでの期待収入……26
2.5　留保価格……28
2.6　入札者の参入……31
2.7　まとめ……33
文献補足……33
補論　確率と期待利得……34

第3章　複数財オークション ……39

- 3.1　はじめに……39
- 3.2　同質財の単一需要……41
- 3.3　同質財の複数需要……42
- 3.4　次点価格オークションと過少ビッド……47
- 3.5　一般のケース……51
- 3.6　VCG オークションについての補足……56
  - 3.6.1　ビッドの数……56
  - 3.6.2　架空名義入札……58
- 3.7　まとめ……59
- 文献補足……59

第4章　予算バランス──ダブルオークションと公平分担 ……61

- 4.1　はじめに……61
- 4.2　ダブルオークション……62
  - 4.2.1　モデル……62
  - 4.2.2　不可能性定理……64
  - 4.2.3　マカフィーオークション……66
- 4.3　公平分担問題……70
  - 4.3.1　モデル……70
  - 4.3.2　フェアメカニズム……71
  - 4.3.3　人々の戦略的行動と無羨望配分の実現……71
- 4.4　まとめ……75
- 文献補足……76

目 次

第Ⅱ部　マッチング

第5章　財と財の交換 …………………………………………………… 79

5.1　はじめに……79
5.2　既存住人による部屋の交換……79
5.3　TTC アルゴリズムが満たす性質……85
5.4　強コア配分……88
5.5　インセンティブ……89
5.6　新規住人への部屋の割り当て……91
5.7　既存住人と新規住人による部屋の割り当て……96
5.8　まとめ……99
文献補足……100

第6章　腎臓マッチングとペア交換 …………………………………… 101

6.1　はじめに……101
6.2　ドナーの交換……102
6.3　効率的マッチングのもとでの交換数……105
6.4　まとめ……109
文献補足……109

第7章　一対一マッチング ……………………………………………… 111

7.1　はじめに……111
7.2　モデル……112
7.3　DA アルゴリズム……116
7.4　男性側 DA と女性側 DA が異なるマッチングを導くケース……124
7.5　インセンティブ……127
7.6　DA アルゴリズムの厳密な定義……130

7.7　まとめ……134
　　文献補足……134

第8章　一対多マッチング……135

　　8.1　はじめに……135
　　8.2　モデル……135
　　8.3　DA アルゴリズム……137
　　8.4　ボストン方式……141
　　8.5　まとめ……144
　　文献補足……145

第9章　公立学校マッチング……147

　　9.1　はじめに……147
　　9.2　モデル……147
　　9.3　学生側からの効率性……149
　　9.4　同順位の解消とそれに伴う問題……151
　　9.5　まとめ……157
　　文献補足……158

関連文献……159
索　　引……169

記法

大小記号，和記号

2つの数 a, b について，a が b 以上であることを

$$a \geq b$$

で表す．高校まではこれを

$$a \geqq b$$

と表記することが圧倒的に多いが，大学以降は $a \geq b$ と表記することが多いようである．

n 個の数 $(a_1, a_2, \ldots, a_n)$ が与えられたとき，その和を

$$\sum_{i=1}^{n} a_i = a_1 + a_2 + \cdots + a_n$$

で表す．また，これから1つの a_j だけを取り除いた値を

$$\sum_{i \neq j} a_i = \sum_{i=1}^{n} a_i - a_j = a_1 + a_2 + \cdots + a_{j-1} + a_{j+1} + \cdots + a_n$$

で表す．

第 k 番目に大きな値の表記

n 個の数の組 $a = (a_1, a_2, \ldots, a_n)$ が与えられたとき，その中で第 $k\,(\leq n)$ 番目に大きな値を，$a[k]$ で表す．この記法は第 I 部で頻繁に使用する．例えば，$n=4$ のとき，$a = (3, 7, 6, 1)$ であれば

$$a[1] = a_2 = 7$$
$$a[2] = a_3 = 6$$
$$a[3] = a_1 = 3$$
$$a[4] = a_4 = 1$$

となる．同数があるケース（**タイケース**という）は，例えば $n=5$ のとき，$a = (3, 7, 6, 1, 6)$ であれば

$$a[1] = a_2 = 7$$
$$a[2] = a_3 = a_5 = 6$$
$$a[3] = a_3 = a_5 = 6$$
$$a[4] = a_1 = 3$$
$$a[5] = a_4 = 1$$

となる．

個人 i の選好

個人 i が，財や選択肢に対し持つ順序づけを**選好**と呼び，記号 $\succsim_i$ により表す．$\succsim_i$ は数字の大小記号 $\geq$ に似ているが，財や選択肢などに対して定義されるものであり，大小記号とは区別されるべきである．$\succsim_i$ は $\succ_i$ と $\sim_i$ を組み合わせて表記したもので，それらは以下のように解釈される．

記　法

- $a \succ_i b$ は，個人 i が a を b より好むことを意味する．

- $a \sim_i b$ は，個人 i が a と b を同程度に好むことを意味する．

- どのような a と b に対しても，$a \succ_i b$ か $a \sim_i b$ か $b \succ_i a$ のいずれか 1 つが成り立つものとする．ただし，$a \sim_i b$ となるのは $a = b$ である場合のみとする．つまり，異なる対象には異なる順位が与えられる．それゆえ「$a \succ_i b$ or $a = b$」と「$a \succ_i b$ or $a \sim_i b$」と「$a \succsim_i b$」は，いずれも同じ内容を意味する．

- 選好 $\succsim_i$ と a, b, c について，例えば

$$\succsim_i : a\ b\ c$$

のように表記するとき，これは $a \succ_i b$ かつ $b \succ_i c$（そして当然ながら $a \succ_i c$）であることを意味する．つまり，左に書かれているものの方が，右に書かれているものより好まれている．

- 個人 $1, 2, \ldots, n$ らの選好の組を

$$\succsim\, =\, (\succsim_1, \succsim_2, \ldots, \succsim_n)$$

で表す．

第I部

オークション

第1章 単一財オークション

1.1 はじめに

1つのオークションで1つの財を扱うものを，単一財オークションという．例えば，インターネットオークションでは，衣類や電化製品をはじめとする様々なものが，個々にオークションにかけられている．また，オークションハウスでは，絵画や彫刻などの美術品が，それぞれ別個にオークションにかけられている．単一財オークションは，オークション理論が扱う多くのケースの中で，最も基礎的かつ馴染みやすいものである．本章では，単一財オークションにおけるオークションルールのデザインについて論じるとともに，オークション理論一般のモチベーションについて解説を行っていく．

1.2 モデル

1つの財がオークションにかけられる状況を考える．入札者は n 人おり，それぞれの入札者 $i = 1, 2, \ldots, n$ は，財に対して，**評価値** $v_i \geq 0$ を持っている．評価値は，当人にとっての，その財の価値を金銭換算したものであり，「この金額までならギリギリ払ってよい」という上限を表している[1]．売り手は，それ

---

[1] 入札者は，v_i までの金額は払える能力がある，あるいはそもそも払える範囲で評価値は定まるものとして考える．つまり「v_i の評価値を持っているが，その金額を払うことはできない」という状況はここでは考えない．

第 I 部　オークション

ぞれの入札者が，どのような評価値を持っているかを知らない．評価値の組を $v = (v_1, v_2, \ldots, v_n)$ で表す．

入札者 i が，t_i 支払ってその財を購入したとき，彼の**利得**は

$$U_i(1, t_i) = v_i - t_i$$

で与えられる．1 個の財から v_i の利得を得るが，t_i の支払いによりその分減る，というわけである[2]．また，財を購入せず，何の支払いも発生しなかった場合の利得は

$$U_i(0, 0) = 0 - 0 = 0$$

として定められる．ゼロ個の財からゼロの利得を得て，支払いがゼロというわけである．U_i のことを，評価値 v_i についての**利得関数**と呼ぶ．最も高い評価値を持つ入札者を**最高評価者**と呼ぶ．つまり

$$v_i = v[1]$$

ならば，i は v のもとでの最高評価者である．最高評価者は，財から最も高い便益を得ることができる者である．

財の買い手として選ばれる入札者のことを**勝者**，それ以外の者を**敗者**と呼ぶ．いま，オークションが終了して，ある入札者 i が勝者になり，t_i の支払いを行ったとしよう．このとき，勝者 i の利得は $U_i(1, t_i) = v_i - t_i$，$n-1$ 人存在する敗者の利得はいずれもゼロ，売り手の収入は t_i，よってこれらの総和は

$$\underbrace{(v_i - t_i)}_{\text{勝者の利得}} + \underbrace{0 + \cdots + 0}_{n-1 \text{ 人の敗者の利得}} + \underbrace{t_i}_{\text{売り手の収入}} = v_i \tag{1.1}$$

---

[2] この「利得」は，財から得る喜びを金銭換算した値と考えても，あるいは金銭的利益そのものと考えてもよい．

となる．この総和のことを**社会的余剰**と呼ぶ．(1.1) は，社会的余剰が，勝者 i の評価値 v_i と一致することを意味している．

よって，社会的余剰を最大化するという効率性の観点からは，最高評価者に勝者になってもらうことが望ましい．また，できるだけ高い価格で売るという収入性の観点からも，最も高い金額を払いうる，最高評価者が勝者となることは重要である．今後，最高評価者に財が買われている状況を，**効率的**であるという．

なお，主催者は入札者の評価値を知らないので，当然ながら，誰が最高評価者であるかを判断することはできない．もし最高評価者が誰であるか事前にわかっていれば，財をオークションにかけずとも，その人のところに直接行き，相対取引を行うことも考えられるだろう．評価値に関する，売り手と買い手の情報の非対称性を，どのように解消し，望ましい資源配分を実現するかが，オークション理論という学問領域が扱う本質的な課題である．

1.3 封印型オークション

封印型のオークションにおいては，各入札者 $i = 1, 2, \ldots, n$ は，一度だけ 1 つの数，ビッド $b_i \geq 0$ をオークションの主催者に申告する．封印型のイメージとしては，各入札者が，自分のビッドを書いた紙を封筒に入れ，厳封して主催者に提出することを考えればよいだろう．厳封してあるので，他者から封筒の中身を覗かれることは無いし，逆に覗くこともできない．

主催者の役割は，申告されたビッドの組 $b = (b_1, b_2, \ldots, b_n)$ をもとに，財の買い手と，彼が支払う額を決めることである．これらを決定するための規則がオークションルールであり，私たちは何らかの意味で優れたオークションルールを設計することに関心がある．今後，b について，i のビッドを除くビッドの組を

$$b_{-i} = (b_1, \ldots, b_{i-1}, b_{i+1}, \ldots, b_n)$$

第I部　オークション

で表す．また
$$b = (b_i, b_{-i})$$
$$(v_i, b_{-i}) = (b_1, \ldots, b_{i-1}, v_i, b_{i+1}, \ldots, b_n)$$
といった記法を用いる．

ビッドの組 b のもとで，「i が受け取る財の個数」を $d_i(b)$ により，「i が支払う額」を $t_i(b)$ により表す．単一財の設定では，勝者は $d_i(b) = 1$，敗者は $d_i(b) = 0$ である．全員がゼロのビッドを申告するケースを除いて，誰か1人は必ず勝者となる，つまり財は売られるものとする[3]．また，敗者については支払いがゼロ，つまり $t_i(b) = 0$ とする．このような d_i と t_i の組

$$(d, t) = (d_1, \ldots, d_n, t_1, \ldots, t_n)$$

のことを**オークションルール**という．

オークションルール (d, t) と b のもとで，各 i の利得は

$$U_i(d_i(b), t_i(b)) = v_i \cdot d_i(b) - t_i(b)$$

として書けることに注意されたい．実際，i が勝者なら

$$U_i(1, t_i(b)) = v_i \cdot 1 - t_i(b) = v_i - t_i(b)$$

であり，敗者なら

$$U_i(0, t_i(b)) = v_i \cdot 0 - t_i(b) = 0$$

---

[3] この代わりに，ある額以上の価格でなければ販売しないという，留保価格を考えることもできる．そのためには，いまの設定でのゼロを，その留保価格とみなせばよい．つまり，各 v_i と b_i を留保価格を超えた分の値とし，財に留保価格以上の評価値を持つ入札者しか参加していないと考えればよい．売り手が戦略的に留保価格を付ける問題を分析するためには，明示的に留保価格を扱う必要が出てくるが，それは第2章で行う．

である．

最も高いビッドを行った入札者を**最高入札者**と呼ぶ．厳密には，bのもとでの最高入札者とは

$$b_i = b[1]$$

を満たす入札者iのことである[4]．主催者は，最高評価者が誰であるかを知らないが，最高入札者が誰かはわかる，という違いは重要である．与えられたビッドの組bに対し，最高入札者を勝者として選ぶというオークションルールの性質を，**上位落札性**という．厳密には，オークションルールが上位落札性を満たすとは，どのようなbに対しても，$d_i(b) = 1$ならば$b_i = b[1]$であることである．

入札者がどのようなビッドを行うかは，どのオークションルールが使われているかに大きく依存する．しかし，常識的なルールのもとでは，ビッドが，評価値という入札者の私的情報を，何らかの形で反映するものと考えられる[5]．例えば，高い評価値を持つ入札者は，そうでない者と比べて，高いビッドを行うことが多いかもしれない．とすれば，ビッドを通じて，売り手と買い手の間に横たわる情報の非対称性が，少なくとも部分的には解消されるわけである．実際，オークションルールは通常，最高入札者を勝者として選択するよう設計されている．

最高入札者が2人以上存在するケースを**タイケース**と呼ぶ．タイケースにおいて，どの最高入札者を勝者とするかは，必要が無い限り特に論じないことにする．これは単に，どのように取り決めたところで，多くの分析結果においては実質的な影響を与えないからである．

次の封印型のオークションルールは，最高入札者を勝者とし，勝者が自身の

---

[4] $b[1]$は$(b_1, b_2, \ldots, b_n)$の中で1番大きな値を表す．「記法」を参照されたい．
[5] 常識的でないオークションルールの例は，「誰がどのようなビッドを行っても，とにかく誰もが$\frac{1}{n}$の確率でゼロ円支払いの勝者となる」といった，どのような値をビッドしても結果に一切影響を与えられないものである．こうしたルールのもとでは，入札者たちのビッドが，どのような評価値を反映してなされたのか推測し難い．

第 I 部　オークション

ビッドを支払うというものである.

第 1 価格オークション　各入札者 i は財へのビッド b_i を申告する．上位落札性を満たすよう勝者を決定する．勝者 i は $b_i = b[1]$ を売り手に支払い，彼の利得は

$$U_i(1, b[1]) = v_i - b[1]$$

となる.

例えばいま，入札者を $i = 1, 2, 3$ とする．ビッドの組が $b = (6, 14, 9)$ であれば，最も高いビッド $b_2 = b[1] = 14$ を申告した入札者 2 が勝者となり，その金額 14 を売り手に支払う．入札者 2 の利得は $U_2(1, 14) = v_2 - 14$ となる.

第 1 価格オークションは，最も単純なオークションルールである．しかし，この単純なルールのもとで，人々がどのように行動するかは自明でない．勝者のビッドがそのまま支払額になるため，入札者たちは，できるだけ小さなビッドで勝者になることを試みるからである．こうした状況では，各人の予想の持ち方によっては，最高評価者が最高入札者になるとは限らない．このことを，以下の例を用い考えてみよう.

いま，入札者を $i = 1, 2, 3$ とし，評価値の組が $v = (6, 14, 9)$ であるとする．最高評価者は入札者 2 なので，効率性の観点からは，彼が勝者になることが望ましい．しかし，仮に，入札者 2 が「$b_1 < 7$, $b_3 < 7$」という予想を立て，$b_2 = 7$ を申告したとしよう．このとき，b_3 について予想が外れ，実際は $b_1 = 6$, $b_3 = 8$ であった場合，入札者 3 が勝者となってしまう．このとき入札者 3 は 8 を売り

手に支払い，それぞれの利得は

$$U_1(0,0) = 0$$
$$U_2(0,0) = 0$$
$$U_3(1,8) = 9 - 8 = 1$$
$$\text{売り手の利得} = 8$$

となり，社会的余剰は $0+0+1+8=9=v_3$ になる．

さて，ここから「オークション終了後に，入札者3が入札者2に価格10で財を転売する」という取引を考えてみよう．すると，それぞれの利得は

$$\underbrace{U_1(0,0) = 0}_{\text{その取引に関わってないので変わらず}}$$

$$\underbrace{U_2(1,10) = 14 - 10 = 4}_{\text{財を買い，10 支払った}}$$

$$\underbrace{U_3(0, 8-10) = 0 - (8-10) = 2}_{\text{財を売り，10 受け取った}}$$

$$\underbrace{\text{売り手の利得} = 8}_{\text{その取引に関わってないので変わらず}}$$

であり，社会的余剰は $0+4+2+8=14=v_2$ となる．当然ながら，この転売から誰も損をしていない．また，結果として，入札者2に財が行くという，効率的な配分が実現している．しかし，オークション後の転売を通じてようやく効率性を達成するようなオークションルールは，それ自体の性能が悪いといえる．また，そもそも，そうした取引が常にうまく行われる保証はどこにもない[6]．売り手にしてみれば，入札者3が得た利得2は，本来なら自分が得てもよかったはずのものである．入札者たちにとっては，戦略的なビッドの読み合いをせ

---

[6]実際，こうした取引が一般には容易でないことを，後に命題4.1で示す．

第 I 部　オークション

ねばならないようなオークションルールは，余計な負担を強いられているともいえる[7].

では，入札者が，自分の評価値をそのままビッドすることが常に最適行動になっているようなオークションルールは存在するだろうか．次のオークションルールを考えてみよう．

第 2 価格オークション　各入札者 i は財へのビッド b_i を申告する．上位落札性を満たすよう勝者を決定する．勝者 i は 2 番目に高いビッドである $b[2]$ を売り手に支払い，彼の利得は

$$U_i(1, b[2]) = v_i - b[2]$$

となる．

例えばいま，入札者を $i = 1, 2, 3$ とする．ビッドの組が $b = (6, 14, 9)$ であれば，最も高いビッド $b_2 = b[1] = 14$ を申告した入札者 2 が勝者となり，2 番目に高いビッドである $b[2] = 9$ を売り手に支払う．入札者 2 の利得は $U_2(1, 9) = v_2 - 9$ となる．

第 2 価格オークション (d, t) のもとで，もし i が勝者ならば

$$(d_i(b), t_i(b)) = (1, b[2])$$

であり，敗者ならば

$$(d_i(b), t_i(b)) = (0, 0)$$

である．

あるオークションルール (d, t) のもとで，入札者 i の評価値が v_i であり，他の入札者たちのビッドが b_{-i} である場合，評価値をそのままビッドしたときの利得は

$$U_i(d_i(v_i, b_{-i}), t_i(v_i, b_{-i})) = v_i \cdot d_i(v_i, b_{-i}) - t_i(v_i, b_{-i})$$

---

[7]第 1 価格オークションのもとでの人々の戦略的行動については第 2 章で扱う．

により，何か他の $b_i \neq v_i$ をビッドしたときの利得は

$$U_i(d_i(b_i, b_{-i}), t_i(b_i, b_{-i})) = v_i \cdot d_i(b_i, b_{-i}) - t_i(b_i, b_{-i})$$

により表されることに注意されたい．次の命題は，第2価格オークションのもとでは，評価値を正直にビッドすることが，誰にとっても最適であることを示している．

命題 1.1. 第2価格オークションのもとでは，各入札者 i について，他の入札者たちのビッド b_{-i} が何であろうと，評価値と異なるビッド $b_i \neq v_i$ を申告して得をすることがない．つまり

$$v_i \cdot d_i(v_i, b_{-i}) - t_i(v_i, b_{-i}) \geq v_i \cdot d_i(b_i, b_{-i}) - t_i(b_i, b_{-i}) \tag{1.2}$$

が成り立つ．

証明. 証明を2つの場合分けにより行う．

まず，ビッドの組 (v_i, b_{-i}) のもとで i が勝者である場合を考える．勝者ということは，最高入札者なので

$$v_i = (v_i, b_{-i})[1] \geq (v_i, b_{-i})[2]$$

が成り立っている．よってこのときの利得は

$$v_i - (v_i, b_{-i})[2] \geq 0 \tag{1.3}$$

を満たす．勝者である i にとって，v_i 以外のビッド b_i を行うインセンティブを持つ可能性があるのは，敗者になりたいときと，勝者のまま支払額を下げたいときだけである．まず，敗者になるときの利得はゼロなので，(1.3) より，そもそも敗者になるインセンティブはない．次に，別のビッド b_i のもとで勝者であ

り続けるためには，$b_i \geq (v_i, b_{-i})[2]$ でなければならない．しかし，このときも，第2価格オークションの定義より，支払額は

$$t_i(b_i, b_{-i}) = (b_i, b_{-i})[2] = (v_i, b_{-i})[2]$$

で変わらない．つまり，敗者になるインセンティブは持たないし，勝者のまま支払額を下げることはできない．

次に，(v_i, b_{-i}) のもとで i が敗者である場合を考える．このとき i の利得はゼロである．敗者ということは，ビッドが2番目以下であるので

$$v_i \leq (v_i, b_{-i})[2] \leq (v_i, b_{-i})[1]$$

が成り立つ．敗者である i にとって，v_i 以外のビッドを行うインセンティブを持つ可能性があるのは，勝者になりたいときのみである．そして，i が勝者になるためには，$(v_i, b_{-i})[1]$ 以上のビッドを行わねばならない．しかし，i が v_i でなく，$b_i \geq (v_i, b_{-i})[1]$ をビッドしたときの，2番目に高いビッドとは $(v_i, b_{-i})[1]$ である．よって，この b_i の申告により勝者となったとしても，i の利得は

$$v_i - (v_i, b_{-i})[1] \leq 0$$

となる．つまり，$b_i \neq v_i$ のビッドにより利得を上げることはできない． □

命題1.1における (1.2) の性質のことを耐戦略性という．以下はその厳密な定義である．

耐戦略性 入札者 i，評価値 v_i，他の入札者たちのビッドの組 b_{-i}，自身のビッド $b_i \neq v_i$ について，これらが何であっても

$$v_i \cdot d_i(v_i, b_{-i}) - t_i(v_i, b_{-i}) \geq v_i \cdot d_i(b_i, b_{-i}) - t_i(b_i, b_{-i})$$

が成り立つ．

耐戦略性を満たすルールとは,「誰にとっても,どのような評価値のもとでも,他の誰がどのようなビッドを行おうとも,自らの評価値を正直にそのままビッドすることが最適になっている」ものである[8].

一般に,最高入札者が勝者となり $b[k]$ 支払うオークションルールのことを,**第 k 価格オークション**という.しかし,これらルールのうち,耐戦略性を満たすのは第2価格オークションだけである.例えば,第3価格オークションを考えると,評価値の組が

$$v_1 > v_2 > v_3 > \cdots > v_n$$

のとき,皆が正直に自身の評価値を $b_i = v_i$ としてビッドすれば,入札者1が $b[3] = v[3]$ を支払い勝者となる.しかしこのとき,入札者2が v_2 でなく $b'_2 > v_1$ をビッドすると

$$b'_2 > v_1 > v_3 > \cdots > v_n$$

より,3番目に高いビッドである v_3 を支払い勝者となることができる.いくら b'_2 をビッドしていても,利得の計算はあくまで自身の評価値 v_2 に基づき行われるので,彼は勝者になることで,敗者のときには得られなかった,正の利得

$$v_2 - v_3 > 0$$

を得ることができる.つまり,第3価格オークションは耐戦略性を満たさない.

同様の不可能性は,$k \geq 4$ である第 k 価格オークションについても全く同じロジックで成立する.では,これら以外のオークションルールで,耐戦略性を満たすものは存在するだろうか? 最も単純なそうしたルールは,誰が何をビッドしようとも,常に入札者1が支払いゼロで勝者となるような,もはやオークションとは言えないようなルールである (そもそも何をビッドしても結果が変わらない).こうしたルールはビッドを完全に無視しているので,効率的な資源配

---

[8] ゲーム理論の言葉でいえば,耐戦略性とは,全ての入札者 i にとって,評価値 v_i を申告することが,支配戦略となることである.

第I部　オークション

分の実現は期待できない．では，より自然な，耐戦略性を満たすオークションルールには，どのようなものが存在するだろうか．この問題の考察に伴い，勝者が自分のビッド以上の支払いを求められないという，次の性質を定める．

個人合理性　どのようなビッドの組 b に対しても，そこでの勝者 i について
$t_i(b) \leq b_i$ が成り立つ．

全ての第 k 価格オークションは，個人合理性と上位落札性を満たすが，それらの中で耐戦略性を満たすのは第 2 価格オークションのみである．では，より一般的に，個人合理性と上位落札性という非常に自然な性質を満たすオークションルールの中で，第 2 価格オークション以外に，どのようなものが耐戦略性を満たすのだろうか？　次の命題は，そのようなルールが存在しないことを明らかにしている．

命題 1.2. 上位落札性，個人合理性，耐戦略性を満たすオークションルールは，第 2 価格オークションのみである．

証明． 議論を簡単にするため，ここでは入札者が 2 人のケースのみを扱う．ただし，以下のロジックは，一般的に入札者が n 人のケースにも比較的容易に拡張できる．いま，上位落札性，個人合理性，耐戦略性を満たす任意のオークションルールについて考える．現時点では，このルールについては，それら 3 条件を満たすということ以外は何も分かっていない．これから，このルールが第 2 価格オークションに他ならないことを示していく．

いま，任意の $b = (b_1, b_2)$ について考える．$b_1 > b_2$ のケース，$b_1 = b_2$ のケース，$b_1 < b_2$ のケースがあり得るが，最初のケースのみ示し，他のケースは省略する．というのは，他のケースも最初のケースと同様に示せるからだ．なお，オークションルールとは，与えられた任意のビッドの組に対して，勝者と支払額を定める手続きのことなので，この証明では評価値 v_i でなくビッド b_i を統一的に用いる．

第 1 章 単一財オークション

　$b_1 > b_2$ なので，上位落札性より，勝者が入札者 1，つまり $d_1(b) = 1$ である．私たちの目的は，このオークションルールが第 2 価格オークションであると示すことだが，そのためには，勝者の支払価格が $t_1(b) = b_2$ であることを証明すればよい．

　どのような $b_1' > b_2$ に対しても，上位落札性より $d_1(b_1', b_2) = 1$ である．つまり，入札者 1 は b_2 より大きなビッドを行っている限り，勝者となることができる．よって，どのような $b_1' > b_2$ に対しても，$t_1(b_1', b_2) = t_1(b_1, b_2)$ が成り立たねばならない．実際，$t_1(b_1', b_2) > t_1(b_1, b_2)$ であれば「入札者 1 は，評価値が b_1' のときに，b_1' でなく b_1 をビッドすることで支払額を減らせる」ことになってしまい，耐戦略性に反する．逆に，$t_1(b_1', b_2) < t_1(b_1, b_2)$ であれば「入札者 1 は，評価値が b_1 のときに，b_1 でなく b_1' をビッドすることで支払額を減らせる」ことになってしまい，耐戦略性に反する．

　上の段落で，どのような $b_1' > b_2$ に対しても，$t_1(b_1', b_2) = t_1(b)$ が成り立つことを示した．よって，これと個人合理性より，どのような $b_1' > b_2$ に対しても

$$b_1' \geq t_1(b_1', b_2) = t_1(b)$$

が成り立つことがわかる．全ての $b_1' > b_2$ について $b_1' \geq t_1(b)$ ということは，$b_2 \geq t_1(b)$ ということである．

　これから $b_2 = t_1(b)$ を示したい．いま仮に $b_2 > t_1(b)$ であるとしよう．入札者 1 の評価値が $b_2 > b_1'' > t_1(b)$ を満たす b_1'' であり，入札者 2 が b_2 をビッドしているときに，入札者 1 は「正直に b_1'' をビッドすれば，敗者となり利得はゼロ」だが，「虚偽の b_1 をビッドすれば，勝者となり利得は $b_1'' - t_1(b) > 0$」になる．これは耐戦略性に反し，矛盾である．つまり $b_2 = t_1(b)$ でなければならない．

　よって，この b について，$d_1(b) = 1$ かつ $t_1(b) = b_2$ であることがわかった．これは第 2 価格オークションが与える結果と一致する．そしてこの議論はあらゆる b について成り立つので，このオークションルールは第 2 価格オークションそのものである． □

第I部　オークション

　第2価格オークションは，第1価格オークションと比較すれば，談合について相対的に脆弱である．例えば，$n=3$として評価値が$v=(5,15,9)$のとき，皆が自身の評価値をそのままビッドしたとして，入札者2が勝者となり金額9を支払うことになる．このときの彼の利得は$U_2(1,9)=15-9=6$である．しかし入札者2が入札者3に対して，「5をビッドしてくれれば，利得1をまわす」と約束したとしよう．このとき，入札者2は利得

$$U_2(1,5)=15-5=10$$

を得るので，10のうち金額1を入札者3に対し払っても，依然，利得の残りは$10-1>6$なので得をしている．しかし，第1価格オークションのもとでは，入札者2が入札者3に対して「5をビッドしてくれれば，利得1をまわす」と言ったとしても，入札者3が「入札者2は6をビッドするだろう」と予測すれば，彼は談合の約束を破って7をビッドすることにより，$9-7=2$の利得を獲得することが可能となる．この意味において，第1価格オークションのもとでは，談合の実行が難しくなる．

　なお，第2価格オークションを用いる際には，オークションの主催者が，価格付けについて信用されている必要がある．例えば，$b[1]=100$万円のビッドを行った最高入札者に対して，実際の$b[2]$より高い金額，例えば99万9999円を第2価格として請求すると疑われるような主催者に対しては，入札者たちは，真の評価値をビッドしないだろう．

1.4　公開型オークション

　公開型のオークションにおいては，財の価格はオークションの進行に伴い変化し，その経過を皆が観察することができる．次のオークションルールは広く用いられているものである．

競り上げ式オークション[9]　ゼロ円からスタートし，そこから入札者たちは，財に対し支払うビッドを競り上げていく．新たなビッドが行われなくなったときに，オークションは終了し，その時点で最も高いビッドを付けていた者がその金額を支払い勝者となる．

「競り上げていく」というと，入札者がオークションの進行状況を逐一観察しておかねばならないように感じるかもしれないが，コンピュータを用いればその必要は無い．実際，インターネットオークションでは，競り上げ式オークションがよく用いられている．そしてそこでは，入札者は支払う上限の金額 b_i を1回申告すればよく，あとはコンピュータがその価格まで，1円や100円などの最小単位で自動的にビッドを更新してくれる．公開オークションというと，時間軸が重要な役割を果たす印象を受けるだろうが，このように考えると，必ずしもそうではないことがわかる．

さて，競り上げ式オークションは，次のようにも描写できる．まず，全ての入札者は，オークションのスタート時点で手を挙げている．価格はゼロから連続的に上昇し，入札者は購入する意思がある限り，手を挙げ続ける．そして，手を挙げている入札者が1人になった瞬間にオークションは停止し，その入札者が，その時点での価格を支払って勝者となる．このように競り上げ式オークションを描写すると，そのもとでの入札者の行動を考察しやすい．

各入札者 i がオークション開始前に考えておかねばならないことは，価格 p がどの値になったときに手を下ろすかである．いま，b_i により，i が手を下ろす価格を表し，その組を

$$b = (b_1, b_2, \ldots, b_n)$$

で表す．$b[2] < b[1]$ であるときを考えると，p が $b[2]$ に達した瞬間にオークションは終了し，$b_i = b[1]$ を満たす唯一の入札者 i が，$b[2]$ を支払い勝者となる．これは，第2価格オークションが，b をビッドの組としたときに与える結果と等し

---

[9]イングリッシュ・オークションとも呼ばれている．

い．この意味において，競り上げ式オークションは，第 2 価格オークションと同じルールの構造を持っている．

では，各入札者 i は，どのように b_i を決定するだろうか．まず，価格 p が v_i を超えると，勝者になったところで利得は負の値

$$U_i(1, p) = v_i - p < 0$$

なので，$b_i > v_i$ は明らかに損である．また，$p < v_i$ である限り，その価格で財を購入するメリットはあるので手は下ろさない．つまり i は，$p = v_i$ になった瞬間に手を下ろすと考えられる．つまり i が手を下ろす価格は

$$b_i = v_i$$

である[10]．よって，タイケースでないとき，つまり $v[2] < v[1]$ のときには

$$v[n] \leq v[n-1] \leq \cdots \leq v[2] < v[1]$$

なので，$p = v[2]$ となった瞬間に，手を挙げている入札者は 1 人となりオークションは終了する[11]．その入札者とは，$b_i = v_i = v[1]$ である最高評価者 i に他ならず，彼が，$p = v[2]$ を支払って勝者となる．競り上げ式オークションのもとで「$p = v_i$ まで手を挙げ続ける」という戦略は，第 2 価格オークションのもとで「$b_i = v_i$ をビッドする」という戦略に対応しており，両者は同じ結果を導く[12]．

---

[10] ここでは価格は連続的に動くものとして話を進めている．実際は，いくらかの ε 円刻みで価格は離散的に推移し，入札者は価格が $b_i = v_i + \varepsilon$ となった瞬間に手を下ろすものと考えられる．ただし，ε は通常，非常に小さな値であるため，これを無視しても議論は本質的に変わらない．

[11] タイケース，つまり $v[2] = v[1]$ の場合は，$p = v[2] = v[1]$ となった瞬間に，手を挙げている入札者が誰もいなくなるが，そのときは最後まで手を挙げていた者の中から誰かを勝者として選ぶ．しかしこの際，誰を勝者として選ぶかはあまり重要でない．勝者 i の利得は $U_i(1, p) = v[1] - v[2] = 0$ となり，敗者になったときの利得 $U_i(0, 0) = 0$ と同じだからだ．

[12] ここでの議論においては，入札者たちは確固たる b_i を持つことが想定されている．例えば，他の入札者が手を挙げ続けているのを見て，実はこの財には自分がいま思うより価値があるのだ

第 1 章 単一財オークション

　以上の意味で，競り上げ式オークションは第 2 価格オークションと等しく，理論的にはしばしば同一視される．しかし，これらを完全に同一視してよいわけではない．例えば，競り上げ式オークションのもとでは，互いの行動の経過を観察できるので，第 2 価格オークションで考えられる談合からの裏切りが起こりにくい．この点からは，競り上げ式オークションは第 2 価格オークションより，談合を実行しやすいといえる．また，封印型である第 2 価格オークションのもとでは，最高入札者に対して，主催者が嘘をつき，第 1 価格すれすれの価格を「これが第 2 価格です」と言うこともあり得るが，公開型である競り上げ式オークションにおいてこれは不可能である．

　あまり用いられているものではないが，第 1 価格オークションに対応する，競り上げ式と逆のオークションルールも存在する．

競り下げ式オークション[13]　十分高い価格からスタートし，主催者は価格を下げていく．入札者たちは，下がっていく金額に対しいつでも，挙手により購入の意思表示をすることができる．そして，最初に挙手した者が勝者となり，その時点での価格を支払う．

　各入札者 i が決めねばならないことは，価格 p がどの値になったとき手を挙げるかである．いま，b_i により，i が手を挙げる価格を表し，その組 $b = (b_1, b_2, \ldots, b_n)$ について考えてみる．$b[2] < b[1]$ であるときを考えると，p が $b[1]$ に達した瞬間にオークションは終了し，$b_i = b[1]$ を満たす唯一の入札者 i が，$b[1]$ を支払い勝者となる．これは，第 1 価格オークションが，b をビッドの組としたときに与える結果と等しい．戦略的な状況についても同様である．つまり，入札者が，で

と，評価値を上方へ更新することは，ここでは考えていない．そのような評価値の持ち方を相互依存価値といい，オークション理論では非常に重要な役割を果たすが，本書の水準を超えるテーマでありここでは扱わない．

[13] ダッチ・オークションとも呼ばれている．17 世紀のオランダで，チューリップ球根の取引に用いられていたことに由来する．ただしダッチ・オークションという言葉は，他のオークションルールを意味することもあり，あまり統一的に使われていない．

きるだけ少ない支払いで勝者になるためには，他の入札者が手を挙げるはずの直前に自分が手を挙げる必要がある．これは，第1価格オークションのもとで，どのビッドを付けるかという問題と実質的に等しい．以上の意味で，競り下げ式オークションは第1価格オークションと等しく，理論的にはしばしば同一視される．

1.5 マイナスの評価値とビッド

これまで，v_i と b_i がゼロ以上であることを仮定して話を進めてきた．しかしこれは，単に数のプラスマイナスを気にしないで話を進めるためであり，議論において本質的な役割を一切果たしていない．実際，負の値を許容しても，ここで展開した議論はいずれも成立する．

1つ例を挙げてみよう．公共事業の入札では，v_i は事業を請け負うコストを，b_i は支払う額でなく受け取る額を意味する．このケースは v_i と b_i がともに負の値を取るものとして扱われる．いま，第2価格オークションを用いるとすれば，公共事業へのビッドの組 b が

$$0 > b_1 > b_2 > \cdots > b_n$$

のとき，最高入札者である1が2番目に高いビッド b_2 を支払い，利得

$$U_1(1, b_2) = v_1 - b_2$$

を得ることになる．ただし b_2 は負の値なので，$-b_2$ は正の値である．いま入札者1が評価値をそのままビッドしており，$b_1 = v_1$ とすれば，

$$U_1(1, b_2) = b_1 - b_2 > 0$$

なので，彼はこの事業を落札したことにより正の利得を得られている．なお，この例では，各入札者は負の値をビッドするものとして第2価格オークションを

第 1 章 単一財オークション

定義通り用いているが，正の値をビッドして「最低入札者が下から 2 番目のビッドを受け取る」としても，論理的に同じことである．

1.6 まとめ

入札者たちは，第 1 価格オークションのもとでは戦略的なビッドを行う一方，第 2 価格オークションのもとでは自身の評価値をそのまま正直にビッドすることが，理論的に予測される．そして，第 2 価格オークションの定義は一見風変わりに思えるかもしれないが，広く用いられている競り上げ式オークションと，実質的に等しい構造を持つ．逆に，第 1 価格オークションの定義は自然に思えるが，稀にしか用いられない競り下げ式オークションと，実質的に等しい構造を持つ．

文献補足

本章で扱った内容の多くは Vickrey (1961, 1962) による先駆的研究に基づく．命題 1.2 はより一般的な形で成り立つことが多くの研究により示されているが，ここでの議論は Saitoh and Serizawa (2008) と Sakai (2008) に比較的近い．第 2 価格オークションについての歴史やエピソードについては Lucking-Reiley (2000) が詳しい．ここで行った談合に関する議論は Robinson (1985) が展開したものに近い．

第2章　期待収入

2.1 はじめに

　売り手の立場からは，自らの収入が大きくなるオークションルールが望ましい．しかしながら，収入がいくらになるかは入札者たちのビッドに依存しており，そのビッドは彼らの評価値と戦略的な振る舞いに依存している．売り手はこれらの不確実性に直面しており，正確な収入を事前には計算できない以上，彼にとって望ましいオークションルールとは，期待収入を大きくするルールである．本章では，単一財オークションにおける期待収入の計算を通じて，売り手側から見た望ましいデザインについて検討していく．

　本章では，これから説明する，入札者たちが**対称的**な状況を扱う．いま，あなたは1人の入札者であるとしよう．オークションには他の入札者たちも参加しているが，彼らがどのような評価値を持っているかをあなたは知らず，また皆が同じように見えている．ただし，彼らの評価値の分布については予想を持っており，あなたには，他の入札者たちの評価値は，1つの分布関数に従っているように見える．そして，これは他の入札者にとっても同じであり，皆の考える分布関数は共通している．オンライン上のオークションなど，匿名性の高いケースでは，この仮定はそれなりに妥当である．

　本章では第2.6節を除き，2人の入札者のみが存在するケースを考え，両者の評価値の分布は，ともに区間 $[0,1]$ 上の一様分布に従うものとする．これらの仮定は計算を簡単にするために置かれるものであり，本質的ではない．

第I部 オークション

　モデルは第 1 章で導入されたものをそのまま用いる．いま，入札者 1 は v_2 が区間 $[0,1]$ の上の一様分布に，入札者 2 は v_1 が区間 $[0,1]$ の上の一様分布に従っていると考えている．これら分布が等しいということが，対称性の仮定である．そして彼らは，期待利得を最大化すべくビッドを行うものと考える．なお，区間 $[0,1]$ 上の一様分布とは，評価値 v_i が x 以下（$0 \leq x \leq 1$）である確率が，x である分布のことである．例えば，i の評価値 v_i が $\frac{1}{4}$ 以下である確率は $\frac{1}{4}$ である．確率的な概念について不慣れな読者は，補論の解説を参照されたい．

2.2　第 1 価格オークションのもとでの入札者の行動

　まず，耐戦略性を満たさない第 1 価格オークションのもとで，入札者たちはどのように行動し，どのような結果が導かれるかについて考察する．評価値 v_1 のもとで入札者 1 が選択するビッドを $b_1(v_1)$ で表す．同じように，評価値 v_2 のもとで入札者 2 が選択するビッドを $b_2(v_2)$ で表す．この関数 b_i のことを i の**戦略**と呼ぶ．

　いま仮に，入札者 1 が「入札者 2 は，v_2 のときにその半分 $\frac{v_2}{2}$ をビッドする」と予想しているものとしよう．つまり

$$b_2(v_2) = \frac{v_2}{2}$$

である．$0 \leq v_2 \leq 1$ なので

$$0 \leq b_2(v_2) \leq \frac{1}{2}$$

となる．区間 $[0,1]$ 上の一様分布に従う v_2 が，区間 $[0, \frac{1}{2}]$ 上に圧縮された形になっているので，$b_2(v_2)$ は区間 $[0, \frac{1}{2}]$ 上の一様分布に従う．つまり，$b_2(v_2)$ が x（$0 \leq x \leq \frac{1}{2}$）より小さくなる確率は，$2x$ である．

　さて，このような予想を入札者 1 が持つときに，彼は何をビッドするだろうか．まず，$b_2(v_2) \leq \frac{1}{2}$ は間違いないので，$\frac{1}{2}$ より大きなビッドを行えば，確実

に勝者になれる．しかし，例えば $\frac{1}{2} + 0.01$ をビッドするよりも，$\frac{1}{2} + 0.001$ をビッドする方が支払額が減るので，$\frac{1}{2} + 0.01$ を選ぶことは無い．これは $\frac{1}{2}$ より大きいどのような値に対してもいえるので，$\frac{1}{2}$ より大きなビッドを行うことは無いことがわかる．よって，入札者1はビッド b_1 を区間 $[0, \frac{1}{2}]$ から取るものと考えられる．

入札者1が b_1 $(0 \leq b_1 \leq \frac{1}{2})$ をビッドしたときに勝者となる確率，つまり $b_2(v_2) < b_1$ となる確率は $2b_1$ であり，そのときの利得は $v_1 - b_1$ である．敗者となる確率は $(1 - 2b_1)$ であり，そのときの利得は当然ゼロとなる．よって期待利得は

$$2b_1(v_1 - b_1) + (1 - 2b_1)0 = 2b_1 v_1 - 2b_1^2$$

である．この b_1 についての二次関数を最大化する b_1 は，一階条件

$$2v_1 - 4b_1 = 0$$

を満たすものであり，すなわち $b_1 = \frac{v_1}{2}$ である．

つまり，入札者1が入札者2の戦略を $b_2(v_2) = \frac{v_2}{2}$ と予想すると，入札者1の戦略も同じく $b_1(v_1) = \frac{v_1}{2}$ となる．当然ながらこの議論は，入札者1と入札者2の立場を入れ替えても成立する．つまり，入札者2が入札者1の戦略を $b_1(v_1) = \frac{v_1}{2}$ と予想すると，入札者2の戦略も同じく $b_2(v_2) = \frac{v_2}{2}$ となる．このような b_1, b_2 のことを，ゲーム理論の言葉で**対称ベイジアンナッシュ均衡**といい，第1価格オークションにおける人々の戦略的な振る舞いを，私たちはこれに基づき描写していく．

この対称ベイジアンナッシュ均衡におけるきわめて重要な事実は，全ての入札者は自分の評価値の半分をビッドするので最高評価者が必ず最高入札者（＝最も大きな $b_i = \frac{v_i}{2}$ をビッドした者）になり，勝者として選ばれるということである．この意味において，第1価格オークションは効率性を達成する．このために大切なのは，全員が揃って半分の評価値をビッドするということである．

第 I 部　オークション

これが破られる場合，例えば最高評価者は評価値の 3 分の 1 を，それ以外の者は評価値の半分をビッドするといった状況では，最高評価者が最高入札者になるとは限らない．

2.3　第 1 価格オークションのもとでの期待収入

第 1 価格オークションのもとでの対称ベイジアンナッシュ均衡における，売り手の期待収入を計算してみよう．ビッド $b_i(v_i)$ はいずれも区間 $[0, \frac{1}{2}]$ 上の一様分布 $H(x) = 2x$ に従うが，収入の分布はどのようになっているだろうか．まず，ビッド $b_1(v_1), b_2(v_2)$ のもとで，これらのうち大きい方の値が収入になることに注意されたい．すると，収入が x 以下になる確率は，$b_1(v_1)$ と $b_2(v_2)$ がともに x 以下になる確率，すなわち

$$2x \times 2x = 4x^2$$

である．そして，各 x の確率密度はこれを一階微分した

$$8x$$

で与えられる．x はゼロ以上 $\frac{1}{2}$ 以下の値なので，この確率密度に収入を掛けて得られる，収入の期待値は

$$\int_0^{\frac{1}{2}} 8x \cdot x \mathrm{d}x = \left[\frac{8x^3}{3}\right]_0^{\frac{1}{2}} = \frac{1}{3}$$

である．つまり，第 1 価格オークションのもとで，売り手の期待収入は $\frac{1}{3}$ となる．

2.4　第 2 価格オークションのもとでの期待収入

第 2 価格オークションのもとでの売り手の期待収入を計算してみよう．第 2 価格オークションは耐戦略性を満たすので，各入札者は自身の評価値を $b_i = v_i$

としてビッドするものと考える．

ビッド $b_i(v_i) = v_i$ はいずれも区間 $[0, 1]$ 上の一様分布 $H(x) = x$ に従うが，収入の分布はどのようになっているだろうか．まず，ビッド $b_1(v_1) = v_1$ と $b_2(v_2) = v_2$ のもとで，これらのうち小さい方の値が収入になることに注意されたい．つまり，収入が x 以下になる確率は，v_1 と v_2 がともに x 以上にならない確率に等しい．そして，v_1 と v_2 がともに x 以上になる確率は $(1-x)^2$ なので，収入が x 以下になる確率は

$$1 - (1-x)^2 = 2x - x^2$$

である．そして，各 x の確率密度はこれを一階微分した

$$2 - 2x$$

となる．この確率密度に収入を掛けて得られる，収入の期待値は

$$\int_0^1 (2-2x) \cdot x \, \mathrm{d}x = \left[x^2 - \frac{2x^3}{3} \right]_0^1 = \frac{1}{3} \tag{2.1}$$

である．よって，第 2 価格オークションのもとで，売り手の期待収入は $\frac{1}{3}$ となる．この値，つまり**第 2 価格オークションのもとでの期待収入は，第 1 価格オークションのもとでの期待収入と一致する．**

この結果は**収入同値定理**という，オークション理論における最重要成果の 1 つである．収入同値定理は，対称的な環境であれば，より広いクラスのオークションルールについても成り立つ．特に重要なのは，一定の条件が満たされていれば，評価値の分布がどのようであっても成り立つ点である．つまり，オークションルールを設計する立場からすれば，ある状況における収入同値定理の成立を知るために，評価値の分布を知っておく必要は無い．

財の売り手にとって収入同値定理は，第 1 価格オークションと第 2 価格オークションが，期待収入の観点から同等であることを意味する．とすれば，どのオークションルールを用いるかの選択は，期待収入以外の観点から論じること

に集中してよいということになる．例えば，談合の実効性を下げたいなら第1価格オークションの方が望ましく，耐戦略性に伴う様々な利点を重視したいなら第2価格オークションの方が望ましい．

また，収入同値定理が成り立たないことが実際のオークションのデータで観察されたとすると，それは，この定理が成り立つための，どの仮定が満たされていないかを理解することにつながる．その意味において，収入同値定理は，実際の状況を理解する上でのベンチマークともなりうる．例えば，本章の議論では，入札者たちは，期待利得により不確実性下における自らの利得を計算しているが，これは彼らがリスク中立的であると仮定していることになる．彼らがリスク回避的であれば，第1価格オークションは，第2価格オークションより高い期待収入を売り手にもたらすことが知られている．

2.5 留保価格

「これより低い値段では財を売らない」と売り手が付ける最低落札価格を**留保価格**という．留保価格 $r > 0$ がついたオークションルールは上位落札性を満たさず，$r > b[1]$ の場合，財が誰にも売られないので売り手の収入がゼロになる．しかし，そうでない場合には，留保価格が価格を何らかの形で下支えすることもあるので，これにより期待収入が増えるか減るかは自明でない．この問題を考えるため，留保価格を $0 \leq r \leq 1$ として，第2価格オークションを定義してみよう．

> **留保価格 r を伴う第2価格オークション**　各入札者 i は財へのビッド b_i を申告する．$b = (b_1, b_2, \ldots, b_n)$ のもとで，$b_i = b[1] \geq r$ である最高入札者 i を勝者とする．このとき i は，$b[2] \geq r$ ならば $b[2]$ を支払い，$r > b[2]$ ならば r を支払う．どのビッドも留保価格を下回る場合，つまり $r > b[1]$ のときは，財は誰にも売られない．

先ほど述べた「留保価格が価格を何らかの形で下支え」とは，留保価格 r を伴う第 2 価格オークションについては

$$b[1] \geq r > b[2]$$

のときに勝者の支払額が $b[2]$ でなく r となることを意味する．留保価格 r を伴う第 2 価格オークションが耐戦略性を満たすことは，命題 1.1 と同じく容易に確かめられる．よって，評価値が v_i の入札者 i は v_i をそのままビッドすると考え，そのもとでの売り手の期待収入を計算してみよう．いま x により売り手の収入を表し，P(A) により，ある事象 A が起こる確率を表すと

$\mathrm{P}(x = 0) = \mathrm{P}(0 \leq v_1 < r \text{ and } 0 \leq v_2 < r) = r \times r = r^2$

$\mathrm{P}(0 < x < r) = 0$

$\mathrm{P}(x = r) = \mathrm{P}(v_1 \leq r \leq v_2 \text{ or } v_2 \leq r \leq v_1) = r(1-r) + r(1-r) = 2r(1-r)$

である．

　また，任意の値 $x > r$ について，実現する収入が x 以上になる確率は

$$\begin{aligned}\mathrm{P}(x \leq \text{実現する収入}) &= \mathrm{P}(x \leq v_1 \text{ and } x \leq v_2) \\ &= \mathrm{P}(x \leq v_1)\,\mathrm{P}(x \leq v_1) \\ &= (1-x)(1-x) \\ &= (1-x)^2\end{aligned}$$

なので，実現する収入が x より小さくなる確率は

$$\mathrm{P}(\text{実現する収入} < x) = 1 - (1-x)^2 \tag{2.2}$$

である．よって，実現する収入の，$x > r$ における確率密度 $h(x)$ は (2.2) の一階微分より

$$h(x) = 2(1-x)$$

第 I 部　オークション

となる．

　これらの議論より，期待収入 $\mathrm{E}(x;r)$ は

$$\begin{aligned}
\mathrm{E}(x;r) &= 0 \cdot \mathrm{P}(x=0) + r \cdot \mathrm{P}(x=r) + \int_r^1 x \cdot h(x)\mathrm{d}x \\
&= 0 \cdot r^2 + r \cdot 2r(1-r) + \int_r^1 x \cdot 2(1-x)\mathrm{d}x \\
&= 2r^2(1-r) + \left[x^2 - \frac{2}{3}x^3\right]_r^1 \\
&= 2r^2(1-r) + (\frac{1}{3} - r^2 + \frac{2}{3}r^3) \\
&= \frac{1}{3} + r^2 - \frac{4}{3}r^3
\end{aligned} \tag{2.3}$$

と計算される．

　$\mathrm{E}(x;r)$ は r の値によって変化する．例えば，$r=0$ とすれば，これは (2.1) と一致して，$\mathrm{E}(x;0) = \frac{1}{3}$ となる．また，$r=1$ とすれば $\mathrm{E}(x;1)=0$ である．では，どのような r のもとで $\mathrm{E}(x;r)$ は最大化されるのだろうか．そのような r を探すために

$$\frac{1}{3} + r^2 - \frac{4}{3}r^3$$

の一階条件

$$2r - 4r^2 = 0$$

を求めると，これを満たす r は $r=0$ と $r=\frac{1}{2}$ である．そして

$$\mathrm{E}(x;\frac{1}{2}) = \frac{1}{3} + (\frac{1}{4} - \frac{4}{3} \cdot \frac{1}{8}) = \frac{1}{3} + \frac{1}{12} > \frac{1}{3} = \mathrm{E}(x;0)$$

が成り立つ．つまり，$r=\frac{1}{2}$ が期待収入を最大化する留保価格である．

　以上の議論は，留保価格 $\frac{1}{2}$ を伴う第 2 価格オークションは，他の留保価格を伴う第 2 価格オークションよりも期待収入が高いことを意味している．実際，こ

の設定のもとでは，一定の条件を満たすオークションルールの中で，留保価格 $\frac{1}{2}$ を伴う第 2 価格オークションは期待収入を最大化することが知られている．このオークションルールを（売り手側から見た）**最適オークション**と呼ぶ．ただし，留保価格を適切に計算するためには，評価値の分布に関する詳細な情報が必要であり，これは必ずしも容易でない．

2.6 入札者の参入

これから最適オークションを，入札者の数に関連させて論じていく．評価値が $[0,1]$ 上の一様分布に従う入札者が n 人いるときの，留保価格 r を伴う第 2 価格オークションを考えてみよう．このとき売り手の期待収入は

$$\mathrm{E}(x;r) = \frac{n-1}{n+1} + r^n - 2r^{n+1}\frac{n}{n+1} \tag{2.4}$$

により表される．この証明は省略するが，2 人ケースでの期待収入の計算と同様にして導くことができる (ただし計算は複雑になる)．実際，(2.4) は，$n=2$ のとき (2.3) と一致することに注意されたい．

(2.4) を最大化する r を得るため，一階の条件を求めると

$$nr^{n-1} - 2(n+1)r^n\frac{n}{n+1} = 0$$

より

$$nr^{n-1}(1-2r) = 0$$

である．よって，期待収入を最大化する r は 0 か $\frac{1}{2}$ であるが

$$\mathrm{E}(x;\frac{1}{2}) = \frac{n-1}{n+1} + \frac{1}{2^n(n+1)} > \frac{n-1}{n+1} = \mathrm{E}(x;0) \tag{2.5}$$

なので，そのような留保価格は $r = \frac{1}{2}$ である．つまり，入札者が一般に n 人のときも，留保価格 $\frac{1}{2}$ を伴う第 2 価格オークションは最適オークションである．興味深いのは，n 人のケースで期待収入を最大化する留保価格 (ここでは $\frac{1}{2}$) は，2 人ケースにおけるそれと変わらないという点である．これは対称的な状況では一般的に成り立つ事実で，期待収入を最大化する留保価格は，入札者の数と無関係に，評価値の分布により定まる．

最適オークションを用いることは，期待収入の増加に対し重要に思える．しかし (2.5) を見ると，最適オークションのもとでの期待収入 $\mathrm{E}(x;\frac{1}{2})$ と，通常の第 2 価格オークションのもとでの期待収入 $\mathrm{E}(x;0)$ との差である

$$\frac{1}{2^n(n+1)}$$

は，入札者の数 n が大きくなるにつれ限りなく小さな値となる．この事実は，多数の入札者がいるときには，最適オークションを用いることのメリットが乏しいことを意味している．

では，n 人の入札者に対し最適オークションを行うことと，$n+1$ 人の入札者に対し留保価格を用いない通常の第 2 価格オークションを行うことでは，どちらの期待収入が高くなるだろうか．(2.5) より，前者のもとでの期待収入は

$$\frac{n-1}{n+1} + \frac{1}{2^n(n+1)} \tag{2.6}$$

であり，後者のもとでの期待収入は

$$\frac{n}{n+2} \tag{2.7}$$

である．

結果を先に言うと，(2.6) は (2.7) より小さい．つまり，最適オークションを用いるメリットは，1 人の新たな入札者を迎えるメリットに劣る．これから

$$\frac{n-1}{n+1} + \frac{1}{2^n(n+1)} < \frac{n}{n+2} \tag{2.8}$$

を示そう．この不等式が成り立つことと，これに $(n+1)(n+2)$ を掛けて整理した

$$(n-1)(n+2) + \frac{n+2}{2^n} < n(n+1)$$

が成り立つことは同値である．そして，この不等式が成り立つことと，それを整理して得た

$$n+2 < 2^{n+1}$$

が成り立つことは同値であるが，これは明らかに任意の $n \geq 1$ について成り立つ．よって (2.8) が正しいことが示された．

2.7 まとめ

対称ベイジアンナッシュ均衡においては，第 1 価格オークションと第 2 価格オークションは，売り手に対し等しい期待収入を与える．最も高い期待収入を与える最適オークションは，適切に留保価格を計算された第 2 価格オークションである．しかし，こうした留保価格を用いるメリットは，新たな入札者が 1 人参加するメリットよりも少ない．

文献補足

収入同値定理は Vickrey (1961, 1962) により示されたもので，オークション理論という学問分野を切り開いた，最重要成果の 1 つである．評価値が一様分布に従う 2 人入札者のケースは最も単純なものであり，収入同値定理の解説を行う際によく用いられるものである．最適オークションは，Myerson (1981) と Riley and Samuelson (1981) により最初に分析がなされた．Bulow and Klemperer

第 I 部　オークション

(1996) はオークションと交渉との比較を行った先駆的貢献だが，彼らが実質的に行ったのは入札者の参入と最適オークションとの比較であり，Kirkegaard (2006) はその簡潔な解説である．

補論　確率と期待利得

確率密度

　確率と期待利得に関する，本書を読み進めるにあたり必要な事柄について簡単な解説を行う．いま，どのような値を取るかわからない q について考える．この q のことを**確率変数**と呼び，起こりうる q の値を**帰結**と呼び q_k で表す．

離散ケース　まず，起こりうる帰結が，離散的に有限個の値のうちいずれかを取るケースを考える．それら有限個の帰結を

$$q_1 < q_2 < \cdots < q_K$$

で表す．帰結 q_k が起こる確率を $h(q_k) \geq 0$ で表し，全ての確率の和は

$$\sum_{k=1}^{K} h(q_k) = 1$$

を満たすものとする．$k' \leq k''$ について，「$q_{k'}$ 以上かつ $q_{k''}$ 以下の値が実現する確率」は

$$\sum_{k=k'}^{k''} h(q_k) \tag{2.9}$$

で表される．

連続ケース　次に，起こりうる帰結が，連続的に無限個の値のうちいずれかを取るケースを考える．このようなケースでは，どれか1つの帰結は実現するものの，1つ1つの帰結が起きる確率は事実上ゼロとなり，扱いに若干の工夫がいる．無限個ある帰結を区間

$$[\underline{q}, \overline{q}]$$

で表す．この区間に属する q についての確率密度を $h(q) \geq 0$ で表し，確率密度を全区間で積分した値は

$$\int_{\underline{q}}^{\overline{q}} h(q) \mathrm{d}q = 1$$

を満たすものとする．なお，確率密度とは，$q' \leq q''$ について

$$\int_{q'}^{q''} h(q) \mathrm{d}q \tag{2.10}$$

が「q' 以上 q'' 以下の値が実現する確率」を意味するものである．連続ケースにおける (2.10) は，離散ケースにおける (2.9) に対応する．

また

$$H(\tilde{q}) = \int_{\underline{q}}^{\tilde{q}} h(q) \mathrm{d}q$$

のことを **分布関数** と呼び，これは「$\tilde{q}$ 以下の値が実現する確率」を表す．微積分の関係より，$H'(\tilde{q}) = h(\tilde{q})$ が成り立つ．分布関数を求めれば，それを微分することで確率密度が得られるというわけである．

離散と連続の混合ケース　最後に，離散ケースと連続ケースの混合を考える．いま q は離散的に

$$q_1 < q_2 < \cdots < q_K$$

のいずれかの値を取るか，連続的に区間

$$[\underline{q}, \overline{q}]$$

のいずれかの値を取るものとする (ただし各 q_k は区間 $[\underline{q},\overline{q}]$ に属していない). このとき確率密度は

$$\sum_{k=1}^{K} h(q_k) + \int_{\underline{q}}^{\overline{q}} h(q) \mathrm{d}q = 1$$

を満たす h として与えられる.

期待利得

帰結 q のもとでの利得を $u(q)$ で表し,それぞれのケースに対して期待利得の定義を行う.

- 離散ケースにおいて期待利得とは,各利得をそれが起こる確率密度でウェイト付けして足し合わせた値であり

$$\sum_{k=1}^{K} h(q_k) u(q_k)$$

で表される.

- 連続ケースにおいて期待利得とは,各利得をそれが起こる確率密度でウェイト付けして積分した値であり

$$\int_{\underline{q}}^{\overline{q}} h(q) u(q) \mathrm{d}q \tag{2.11}$$

で表される.

- 同様に,離散と連続の混合ケースにおいては,期待利得は

$$\sum_{k=1}^{K} h(q_k) u(q_k) + \int_{\underline{q}}^{\overline{q}} h(q) u(q) \mathrm{d}q$$

で表される.

第 2 章 期待収入

　不確実性のもとで，期待利得により状況の評価を行うということは，個人がリスク中立的であることを意味する．例えば「利得 100 が $\frac{1}{2}$ の確率で実現，利得ゼロが $\frac{1}{2}$ の確率で実現」という状況と，「確実に利得 50 を得られる」という状況は

$$\frac{1}{2}\cdot 100 + \frac{1}{2}\cdot 0 = 50 = 1\cdot 50$$

なので期待利得が等しい．すなわち，期待利得により評価を行うならば，これら 2 つの状況は同程度に望ましいと判断される．

一様分布

　一様分布は，起こりうる全ての帰結が等確率で実現することを意味する．離散ケースでは，全ての q_k について $h(q_k) = \frac{1}{K}$ のときをいう．ただし，本書で一様分布を扱うのは $\underline{q}=0$ のときの連続ケースに限る．このケースにおいては，区間 $[0,\bar{q}]$ に属する全ての q について，確率密度は

$$h(q) = \frac{1}{\bar{q}}$$

であるものとして表される．このとき分布関数は

$$H(q) = \frac{q}{\bar{q}}$$

である．すると，実現する帰結が区間 $[q',q'']$ に属する確率は

$$H(q'') - H(q') = \frac{q''-q'}{\bar{q}}$$

で与えられる．本書では一様分布を多用しているが，これは，以上で見たように計算が非常に簡単なためである．

第3章　複数財オークション

3.1　はじめに

　オークションにかけられる財が複数個あるときには，どのようなルールを設計すればよいだろうか．財が全て同質である状況を例に考えてみよう．最も単純な方法は，1つ1つの財に対して個別にオークションを行うことであり，この場合は単一財オークションを複数回行うことと，仕組み上は同等になる．しかし，入札者が直面する戦略的な状況は，単一財オークションのそれとは一般に大きく異なる．

　例えば，テレビ通信の免許を7つ，同時並行的に第2価格オークションを行うことを考えてみよう．全ての免許は同じ内容である．各テレビ会社iは，1つ以上の免許を取得することに関心があり，1つ目の免許に対する評価値がv_{i1}，2つ目の免許に対する評価値がv_{i2}，というように，追加的に得る免許に対して評価値を持っている．2つの免許から得られる利得は，1つの免許から得られる利得の倍であるとは限らない．実際は，1つも免許が無いと事業が行えないので，v_{i1}はv_{i2}より大きな値であるだろう．

　さて，それぞれのテレビ会社は7つある単一財オークションのうち，どのオークションに参加し，いくらのビッドを行えばよいだろうか．もし，ある1つのオークションに入札者が殺到するならば，そこで免許につく価格は高いものになるだろう．とすれば，入札者が少ないオークションに参加することが望ましいわけだが，そもそも全ての免許は同質であり，どの免許が多くの入札者を得

るかは，予想が困難な問題である．また，3つの免許を取得したいテレビ会社は，7つあるオークションのうち，いくつに参加すればよいのだろうか．1つも落札できないことを恐れて全てのオークションに参加した結果，落札し過ぎるということは無いのだろうか．このように考えると，このオークションで入札者たちが置かれる状況は，かなりストレスフルなものであることがわかる．結果は少なからず運に左右され，社会的余剰の観点からは，効率性の達成が阻害される可能性が高い．なお，こうしたタイプのルールに基づくテレビ通信免許のオークションは，1990年にニュージーランドで実際に行われたものであり，失敗したデザインの例としてしばしば挙げられるものである．

1つのシンプルな代替案は，免許を1つずつ，順番に第2価格オークションにかけるというものである．このルールであれば，必要数以上の免許を落札することは防ぐことができる．しかし，1つだけしか免許を望まない入札者は，7回開かれるオークションのうち，どこで落札するのがよいのだろうか．オークションが進むにつれ，価格が下がっていくことが予想されるなら，最初よりも，最後の方で競り落とした方が支払いは安くて済むかもしれない．とすれば，このように逐次的にオークションを行っても，やはり運の要素が結果に強い影響を与えることになる．そして効率的な資源配分あるいは高い販売収入を運任せに実現しようとすることは，賢明とは言い難い．

これらの議論は，複数個の同質財をオークションにかけるときには，それらを1つのオークションで扱った方が望ましいことを示唆している．本章ではそのためのオークションルールの設計問題について考察を行う．

まず私たちは，複数の同質財に対し，それぞれの入札者が1つの財しか欲しない単一需要のケースを考える．次に，単一需要の仮定を外し，上で述べたテレビ通信免許オークションを例に含む，入札者が複数の需要を持つケースを扱っていく．最後に，財が同質とは限らない一般のケースを考察する．

3.2 同質財の単一需要

同質の財が，L 個オークションにかけられる状況を考える．ただし，どの入札者も，この財は 1 つだけしか必要無いものとする．この設定を**単一需要**という．大学寮の部屋や，ある業種への参入権など，1 つあれば事足りる財を考えるときには，単一需要の仮定は妥当である．今後，$L<n$ を仮定する．つまり，買い手の数ほどには財が売られているわけではない．評価値やビッドの扱いなど，財の数以外の設定は，第 1 章で用いた単一財モデルと同じである．

単一財オークションにおける第 1 価格オークションに対応するものは，この設定ではどのように定義できるだろうか．まず最初に思いつくのは

> ビッドの組 $b = (b_1, \ldots, b_n)$ のもとで，上位 L 人が勝者となり，各勝者 i は b_i を支払う

というルールだろう．このルールのことを**ビッド支払オークション**という[1]．ただし，ビッド支払オークションのもとでは，勝者たちは，同じ財を手に入れるのに，異なる価格を支払うことになる．これを避けたければ，例えば

> ビッドの組 $b = (b_1, \ldots, b_n)$ のもとで，上位 L 人が勝者となり，各勝者 i は共通の金額 $b[L]$ を支払う

のように支払額を変更すればよい．とはいえ，このルールもビッド支払オークションも，明らかに耐戦略性を満たさない．

単一財オークションにおいては，第 2 価格オークションが耐戦略性を満たすルールであった．財が複数ある状況で，第 2 価格オークションに対応するものは

> ビッドの組 $b = (b_1, \ldots, b_n)$ のもとで，上位 L 人が勝者となり，各勝者 i は共通の金額 $b[L+1]$ を支払う

---
[1] 差別価格オークションと呼ばれることも多い．

というルールである．このルールのことを**次点価格オークション**という[2]．次点価格オークションが耐戦略性を満たすことは，第2価格オークションのときと同じ方法で容易に示すことができる．

　これだけ見ると，財の複数性は，オークションルールのデザインを特に難しくしていないようにも思える．しかし，財が複数あることで，単一財を考えていたケースでは起こり得なかったパラドックスが発生する．それは，財を多く売ることで，売り手の収入が下がってしまうという非単調性の問題である．

　例えばいま，次点価格オークションを用いるものとし，入札者たちの評価値の組が，$v = (4, 3, 1)$ であるとする．次点価格オークションは耐戦略性を満たすので，皆が自身の評価値をそのままビッドすると考えられる．売り手は2つの財を持っているが，1つの財だけをオークションにかけると，入札者1が勝者となり，$v[2] = 3$ の支払いを受ける．しかし，2つともオークションにかけると，入札者1と2が勝者となり，$v[3] + v[3] = 1 + 1 = 2$ の支払いしか受けられない．こうした損失が起こりうるのであれば，売り手は，手持ちの財を全部はオークションにかけないかもしれず，その際には，財が社会において効率的に配分されないことになる．

3.3　同質財の複数需要

　単一需要の仮定を外し，入札者が1個以上の同質財を需要するケースを考えよう．各入札者 i は，L 個の評価値からなる**評価値ベクトル**

$$v_i = (v_{i1}, v_{i2}, \ldots, v_{iL})$$

を持つものとする．各 $v_{i\ell}$ はゼロ以上の数であり，「$\ell - 1$ 個の財を持っている i が，追加的に1個財を得たときの，利得の増分」を表す[3]．ただし，この追加的

---

[2] 均一価格オークションと呼ばれることも多い．
[3] ミクロ経済学の言葉でいえば，これは「限界利得」を表す．

な利得は逓減し
$$v_{i1} \geq v_{i2} \geq \cdots \geq v_{iL}$$
が成り立つものとする．入札者 i が $\ell \leq L$ 個の財を得て，t_i の支払いを行ったときの利得は
$$U_i(\ell, t_i) = (v_{i1} + v_{i2} + \cdots + v_{i\ell}) - t_i$$
で与えられる．評価値ベクトルの組を
$$v = (v_1, v_2, \ldots, v_n)$$
で表す．同じように，i の**ビッドベクトル**を $b_i = (b_{i1}, b_{i2}, \ldots, b_{iL})$ により表すが，これも不等式
$$b_{i1} \geq b_{i2} \geq \cdots \geq b_{iL} \tag{3.1}$$
を満たすものに限る．つまり，(3.1) を満たすビッドベクトルのみを各入札者は表明できる．そのようなビッドベクトルの組を $b = (b_1, b_2, \ldots, b_n)$ で表す．

このモデルにおける**オークションルール**とは，各ビッドベクトルの組 b のもとで，各入札者 i が受け取る財の個数 $d_i(b)$ と，支払額 $t_i(b)$ を与える関数の組
$$(d, t) = (d_1, \ldots, d_n, t_1, \ldots, t_n)$$
のことである．ただし，$\sum_{i=1}^{n} d_i(b) = L$ が成り立つものとする．$L \times n$ 個ある $b_{i\ell}$ のうち，上位 L 個のビッドを**勝ちビッド**，それ以外を**負けビッド**という．そして，オークションルールが**上位落札性**を満たすとは，各 b のもとで，$d_i(b)$ がそれぞれの i の勝ちビッドの数となることである．

耐戦略性は，これまでと同じく以下のように定められる．

第 I 部　オークション

耐戦略性　入札者 i，評価値ベクトル v_i，他の入札者たちのビッドベクトルの組 b_{-i}，自身のビッドベクトル b_i について，これらが何であっても

$$\sum_{\ell=1}^{d_i(v_i,b_{-i})} v_{i\ell} - t_i(v_i,b_{-i}) \geq \sum_{\ell=1}^{d_i(b_i,b_{-i})} v_{i\ell} - t_i(b_i,b_{-i})$$

が成り立つ．

第 1 価格オークションのストレートな拡張である**ビッド支払オークション**は，次のように定義される．

> 各 b のもとで，$d(b)$ を上位落札性を満たすよう定める．それぞれの入札者 i は，自身の勝ちビッドの和である $b_{i1} + b_{i2} + \cdots + b_{id_i(b)}$ を支払う．

国債は，取引にオークションが用いられる同質財のよい例である．例えば，現在，日本政府は国債の多くを，銀行や証券会社などの金融機関にオークションで販売している．そこではほぼ全てのケースで，各入札者は「いくらでいくつ買う」情報を表す価格と数量のペアをいくつかビッドし，価格が上位のものから順に国債の割り当てがなされる．

これを説明するために，価格と数量のペア (a 円, b 個) により「1 単位当たり a 円で，b 個買う」を表し，売られる財の数が 10 個のケースを考えよう．いまビッドが

$$b_1 = ((100\,円, 3\,個), (80\,円, 4\,個))$$
$$b_2 = ((90\,円, 2\,個), (60\,円, 5\,個))$$
$$b_3 = (70\,円, 2\,個)$$

であれば，まず入札者 1 の (100 円, 3 個) に対して 3 個が割り当てられ，次に入札者 2 の (90 円, 2 個) に対して 2 個が割り当てられ，そして入札者 1 の (80 円,

4 個) に対し 4 個が割り当てられ，最後に残った $10-(3+2+4)=1$ 個が，入札者 3 の (70 円，2 個) のうち 1 個に対し割り当てられる．支払額はそれぞれ

$$t_1 = 100 \text{ 円} \times 3 + 80 \text{ 円} \times 4 = 620 \text{ 円}$$
$$t_2 = 90 \text{ 円} \times 2 = 180 \text{ 円}$$
$$t_3 = 70 \text{ 円} \times 1 = 70 \text{ 円}$$

となる．そしてこれは，ビッド支払オークションのもとで，各入札者がビッドベクトル

$$b_1 = (100, 100, 100, 80, 80, 80, 80, 0, 0, 0)$$
$$b_2 = (90, 90, 60, 60, 60, 60, 60, 0, 0, 0)$$
$$b_3 = (70, 70, 0, 0, 0, 0, 0, 0, 0, 0)$$

を申告しているのと同じである．つまり，上で述べた国債販売で用いられているオークションルールは，ビッド支払オークションとみなすことができる．

さて，上位落札性を満たすオークションルールが更に耐戦略性を満たせば，$b = v$ が期待できるので，そのときは効率的な財配分が実現することになる．ビッド支払オークションは上位落札性を満たすが，明らかに耐戦略性を満たさないので，効率性が常に達成されるとは限らない．では，どのようなオークションルールが上位落札性と耐戦略性を満たすのだろうか．これは，単一需要の仮定が外された状況では自明でない問題である．例えば，次の**次点価格オークション**を考えてみよう．

> 各 b のもとで，$d(b)$ を上位落札性を満たすよう定める．それぞれの入札者 i は，負けビッドの最高値 $b[L+1]$ の $d_i(b)$ 倍を支払う．

次点価格オークションは，単一財ケースにおける第 2 価格オークションの定義をストレートに拡張したものであるゆえ，耐戦略性を満たすとしばしば誤解さ

れる．しかし，1つ以上の勝ちビッドを持つ個人が，最も高い負けビッド$b[L+1]$を持っている場合，彼はその値を下げることにより支払額を減らすことができる．つまり，$d_i(b) \geq 1$ かつ $b_{i,d_i(b)+1} = b[L+1]$ なる個人 i は，価格の役割を果たす $b_{i,d_i(b)+1}$ を下げることにより支払額を減らすことができる．第2価格オークションのもとでは，勝者の支払額は他者のビッドにより定まっており，それが耐戦略性の充足を支えていた．そのアイデアに基づき，次のように支払額を変更してみよう．

> 各 b のもとで，$d(b)$ を上位落札性を満たすよう定める．それぞれの入札者 i は，自分のビッドを除く負けビッドのうち，最も高い値の $d_i(b)$ 倍を支払う．

このようにルールを定めると，さすがに耐戦略性が満たされるように思えるが，実はこれでもまだ不十分である．以下の例を見てみよう．

例 3.1. $L = 4$, $n = 3$, $v_1 = (9, 8, 6, 1)$, $v_2 = (7, 5, 1, 1)$, $v_3 = (4, 3, 2, 1)$, $b_1 = (9, 8, 1, 1)$ とする．このとき

$$U_1(d_1(v), t_1(v)) = 9 + 8 + 6 - (5 + 5 + 5) = 8$$
$$U_1(d_1(b_1, v_{-1}), t_1(b_1, v_{-1})) = 9 + 8 - (4 + 4) = 9$$

である．つまり，入札者 1 は，$v_{13} = 6$ を $b_{13} = 1$ に変更することで，得る財を 3 個から 2 個に減らしたが，同時に 1 単位当たり価格を $v[5] = v_{22} = 5$ から $(b_1, v_{-1})[5] = v_{31} = 4$ に減少させた．これによりトータルでは利得を増やしている． □

では，ここで支払額を「自分のビッドを除く負けビッドの上位 $d_i(b)$ 個分」とルールを改訂してみたらどうだろうか．すると，この改訂ルールのもとでは，例

3.1 のケースでは

$$U_1(d_1(v), t_1(v)) = 9 + 8 + 6 - (5 + 4 + 3) = 11$$
$$U_1(d_1(b_1, v_{-1}), t_1(b_1, v_{-1})) = 9 + 8 - (4 + 3) = 10$$

となっており，b_1 のビッドにより損をしている．このルールを，先駆的貢献を行ったヴィックリー，クラーク，グローヴスの頭文字を取り **VCG オークション** と呼ぶ．以下にその定義を与える．

> 各 b のもとで，$d(b)$ を上位落札性を満たすよう定める．それぞれの入札者 i は，自分のビッドを除く負けビッドのうち，上位 $d_i(b)$ 個の総和を支払う．

VCG オークションが耐戦略性を満たすことは，上の例と同じ方法で示すことができる．また，各 i について $v_i = (v_{i1}, 0, 0, \ldots, 0)$，つまり単一需要の評価値を持つときは，VCG オークションは次点価格オークションと一致する．単一需要の仮定のもとでは，第 2 価格オークションは次点価格オークションへと，比較的自明に拡張することができた．しかし，その仮定を外した複数需要のケースにおいては，VCG オークションという，風変わりな印象を与えるオークションルールへと拡張されねばならない．いったいこのルールの背後にある，耐戦略性を支える原理は何であるのか．それは第 3.5 節で明らかにされる．

3.4 次点価格オークションと過少ビッド

1992 年にアメリカ政府は，一部の国債の販売方法を，ビッド支払オークションから次点価格オークションへと実験的に変更した[4]．ビッド支払オークション

---

[4] この変更に関する議論においては，1 単位当たり価格を勝ちビッドの最低値 $b[L]$ とするルールと，負けビッドの最高値 $b[L+1]$ とするルール（次点価格オークション）が，事実上区別さ

のもとでは，明らかに入札者は自身の評価値より低いビッドを行うインセンティブを持つ．そうした過少ビッドが引き起こしていると思われる，販売収入の低下や，非効率的な国債の割り当てを解消するというのが，ルール変更の大きな理由であった．

これを勧めた高名な経済学者も存在した．例えば，ミルトン・フリードマンは1991年8月28日付のウォールストリートジャーナルにて，同じくマートン・ミラーは1991年9月15日付のニューヨークタイムズにて，次点価格オークションが耐戦略性を満たすといった内容の発言を行い，ビッド支払オークションから次点価格オークションへの変更を推奨している．しかし，前節で見たように，次点価格オークションは耐戦略性を満たさない．そればかりか，これから挙げる2つの例は，次点価格オークションが，その見た目の印象以上に，過少ビッドに対して弱いルールである可能性を示唆している．

例 3.2. 2人の入札者と2つの同質財がある状況を考える．評価値は

$$v_{11} \geq v_{12} \geq v_{21} > v_{22} = 0$$
$$2v_{21} > v_{12}$$

を満たすものとする．ビッドベクトルの組

$$b_1 = (v_{11}, 0), \ b_2 = (v_{21}, 0)$$

について考えよう．すると，次点価格オークションのもとで彼らの利得はそれぞれ

$$v_{11} - 0 = v_{11} > 0$$
$$v_{21} - 0 = v_{21} > 0$$

れず扱われることが多い．これは，国債オークションのようにビッドの数が多いものは，$b[L]$と$b[L+1]$が同じか非常に近い値になるからだと思われる．本節の記述は次点価格オークションで統一してある．

となる．

入札者 2 は 1 つしか財を欲していないが，それをタダで手に入れていることになる．これは彼にとって理想的な状態であるので，ここから仮にビッドを変更することが許されても，彼はそうしたいとは思わない．入札者 1 はどうだろう．入札者 1 は，ここから仮にビッドの変更が許されたとして，2 つの財を得ようとするだろうか．入札者 2 が $b_2 = (v_{21}, 0)$ をビッドしているもとでは，入札者 1 が財を 2 つ得るためには，b_{11} と b_{12} はともに v_{21} 以上でなければならない．しかしそのとき，支払額は $2v_{21}$ であり，利得は

$$v_{11} + v_{12} - 2v_{21}$$

となる．そしていま $2v_{21} > v_{12}$ なので

$$v_{11} + v_{12} - 2v_{21} < v_{11}$$

が成り立つ．つまり，このビッド変更は損失を生んでいる．

以上の議論より，ビッドベクトルの組

$$b = ((v_{11}, 0), (v_{21}, 0))$$

は，「入札者 1 が入札者 2 のビッドを $(v_{21}, 0)$ と予想するなら，入札者 1 は $(v_{11}, 0)$ をビッドするのが最適」かつ「入札者 2 が入札者 1 のビッドを $(v_{11}, 0)$ と予想するなら，入札者 2 は $(v_{21}, 0)$ をビッドするのが最適」という，ある種の膠着状態となっている．ゲーム理論の言葉でいえば，これはナッシュ均衡であり，起こる蓋然性が高いものと考えられる． □

例 3.2 において，入札者が相手の戦略を適切に予想できるためには，相手の評価値を知っていなければならない．次の例は，その仮定を外しても似た議論が成立することを明らかにしている．

例 3.3. 例 3.2 と同じく，次点価格オークションにより，2 つの同質財を 2 人の入札者に販売する状況を考える．ただし入札者 2 については単一需要を仮定し，それを入札者 1 は知っているものとする．評価値 v_{11}, v_{12}, v_2 は区間 $[0,1]$ 上にあるものとする．いま，単一財ケースにおける第 2 価格オークションでの議論と同様に，入札者 1 のビッドが何であろうと，入札者 2 は評価値 v_2 をビッドすることが最適であることが，容易に確かめられる．つまり $b_2 = v_2$ であると想定することは妥当である．

ここで，入札者 1 は，1 つ目の財へのビッド b_{11} を正にすれば，必ず財を 1 つは得られることに注意されたい．では，何か正の $b_{11} > 0$ をビッドするとして，2 つ目の財へのビッド b_{12} ($b_{11} \geq b_{12} \geq 0$) はどのような値にすればよいだろうか．入札者 1 は，入札者 2 の評価値 v_2 を知らず，$[0,1]$ 上の一様分布に従うと予想するものとする．いま任意の $b_{11} > 0$ を固定し，各 b_{12} のもとでの期待利得を計算することで，どのような b_{12} をビッドすればよいかを調べよう．先に結果を述べておくと，b_{11} の値が何であろうと，b_{12} はゼロをビッドするのが期待利得を最大化する．つまり入札者 1 は，単一需要を持つかのように振る舞うのが最適である．もし評価値が

$$v_{11} \geq v_{12} > v_2$$

であれば，入札者 1 が財を 2 つとも得るのが効率的な配分である．しかし，以上の結果は，そのような財配分は実現しないことを意味している．

これから，任意の b_{12} のもとでの期待利得を求めていく．もし $b_{12} > v_2$ であれば，そのとき価格は v_2 となり

$$v_{11} + v_{12} - 2v_2$$

が利得となる．よって，$b_{12} \geq v_2 \geq 0$ のケースに関する期待利得は

$$\int_0^{b_{12}} (v_{11} + v_{12} - 2v_2) \mathrm{d}v_2$$

となる．一方，もし $v_2 > b_{12}$ が実現すれば，そのとき価格は b_{12} となるので，利得は常に

$$v_{11} - b_{12}$$

となる．$v_2 > b_{12}$ となる確率は $(1 - b_{12})$ なので，$1 \geq v_2 > b_{12}$ のケースに関する期待利得は

$$(v_{11} - b_{12})(1 - b_{12})$$

である．

よって，どのような $b_{11} > 0$ に対しても，b_{12} $(b_{11} \geq b_{12} \geq 0)$ をビッドしたときの期待利得は

$$\begin{aligned}
&\int_0^{b_{12}} (v_{11} + v_{12} - 2v_2)\mathrm{d}v_2 + (v_{11} - b_{12})(1 - b_{12}) \\
=& (v_{11} + v_{12})b_{12} - \int_0^{b_{12}} 2v_2 \mathrm{d}v_2 + (v_{11} - b_{12})(1 - b_{12}) \\
=& (v_{11} + v_{12})b_{12} - \left[v_2^2\right]_0^{b_{12}} + (v_{11} - b_{12})(1 - b_{12}) \\
=& (v_{11} + v_{12})b_{12} - (b_{12}^2 - 0) + (v_{11} - v_{11}b_{12} - b_{12} + b_{12}^2) \\
=& v_{12}b_{12} + v_{11} - b_{12} \\
=& v_{11} - b_{12}(1 - v_{12}) \quad (3.2)
\end{aligned}$$

で与えられる．(3.2) が $b_{12} = 0$ で最大化されることは明らかである． □

3.5　一般のケース

ここでは財の同質性や単一需要の仮定を一切置かない．財の間には補完性や代替性など，さまざまな関係があってよい．例えば，机と椅子のように，両方あることで価値が増すときにはこれらの財は補完関係にあるし，赤いペンとピ

ンクのペンなど，両方あることで 1 つ 1 つの必要性が下がるときにはこれらの財は代替関係にある．また，このような，補完性や代替性は，個々人によって感じ方が異なってよい．

まず，一般ケースにおける VCG オークションについて，簡単な例を用いて解説を行う．いま，3 人の入札者がおり，2 つの財 α, β がオークションにかけられている．各入札者 i は，単独の財のみならず，財の組み合わせに対して評価値ベクトルを持っている．評価値ベクトルを

$$v_i = (v_i(\alpha), v_i(\beta), v_i(\alpha, \beta))$$

のように記述する．$v_i(\alpha)$ と $v_i(\beta)$ は一方の財のみを得たとき i の利得，$v_i(\alpha, \beta)$ は両方の財を得たときの i の利得を表す．同様に，ビッドベクトルを

$$b_i = (b_i(\alpha), b_i(\beta), b_i(\alpha, \beta))$$

で表す．

いま

$$v_1 = (2, 3, 10)$$
$$v_2 = (5, 1, 7)$$
$$v_3 = (2, 3, 4)$$

とする．このとき，入札者 1 が α, β を得ることが，社会的余剰を $v_1(\alpha, \beta) = 10$ で最大化する効率的な割当となっている．では，彼がいくら払うようルールを設計すればよいだろうか．

VCG オークションは「それぞれの入札者が他者に与える，ある種の負の外部性を各自に払わせる」というアイデアに基づき支払額を計算する．以下はその例である．

- まず，入札者 2 と 3 だけからなる「小社会」を考える．そこでの効率的な割当とは，入札者 2 が α を，入札者 3 が β を得るものである．このときの社会的余剰は $v_2(\alpha) + v_3(\beta) = 5 + 3 = 8$ となる．

- 入札者 1 がこのオークションに参加したとする．効率的な割当は彼が α, β をともに得ることであり，このときの社会的余剰は $v_1(\alpha, \beta) = 10$ である．このとき，入札者 2 と 3 は財を何も得ず，彼らだけからなる小社会では，社会的余剰が 0 となる．つまり，入札者 1 の登場により，この小社会は損失 $8 - 0 = 8$ を被った．

- この 8 を，入札者 1 の支払額と定める．入札者の利得は $10 - 8 = 2$．

こうしたルールのもとでは，誰にとっても自身の評価値ベクトルをそのままビッドするのが最適になっていることを，以下 2 つの例で観察してみよう．

例 3.4. 入札者 1 が $b_1 = (2, 3, 9)$ のビッドを行うとしよう．このとき彼は α, β を得たままでいられるが，「小社会の損失」は変わらないので支払額は変わらない． □

例 3.5. 次に，入札者 2 が何か財を得られるビッドを考察するため，例えば $b_2 = (8, 1, 7)$ を考えてみよう．

- 入札者 1 と入札者 3 だけからなる「小社会」を考える．そこでの効率的な割当とは，入札者 1 が α, β をともに得るものである．このときの社会的余剰は $v_1(\alpha, \beta) = 10$ となる．

- 入札者 2 がこのオークションに参加したとする．効率的な割当とは入札者 2 が α，入札者 1 か 3 のいずれかが β を得ることであり，このときの社会的余剰は $8 + 3 = 11$ である．一方，入札者 1 と 3 からなる小社会では，(v_1, b_2, v_3) をもとに計算した社会的余剰が 3 である．つまり，入札者 2 の登場により，この小社会は損失 $10 - 3 = 7$ を被った．

- この 7 を，入札者 2 の支払額と定める．このとき入札者 2 の利得は $v_2(\alpha) - 7 = 5 - 7 = -2$ であり，b_2 のビッドにより損をしている． □

これから，より厳密な定義に基づき議論を進める．各入札者 i の**評価関数**を v_i で表す．評価関数は，財の組み合わせ x_i に対し，i の評価値 $v_i(x_i) \geq 0$ を与えるものである．例えば，$x_i = (\alpha, \beta)$ は財 α, β の組み合わせを表し，そのとき $v_i(x_i)$ は，i が $x_i = (\alpha, \beta)$ に対し持つ評価を表す．**ビッド関数** b_i についても同様である．これまでと同じく，$v = (v_1, v_2, \ldots, v_n)$，$b = (b_1, b_2, \ldots, b_n)$，$x = (x_1, x_2, \ldots, x_n)$ により評価関数，ビッド関数，財の組み合わせの組を表す．ここでの**オークションルール**とは，各 b のもとで，それぞれの入札者 i が得る財の組み合わせ $d_i(b) = x_i$ と支払額 $t_i(b)$ を与える (d, t) のことである．上位落札性と耐戦略性は，これまでと同様に以下のように定められる．

上位落札性 各 b に対して，$d(b)$ は $\sum_{i=1}^{n} b_i(x_i)$ を最大化する．つまりどのような x についても

$$\sum_{i=1}^{n} b_i(d_i(b)) \geq \sum_{i=1}^{n} b_i(x_i)$$

が成り立つ．

耐戦略性 入札者 i，評価関数 v_i，他の入札者たちのビッド関数の組 b_{-i}，自身のビッド関数 b_i について，これらが何であっても

$$v_i(d_i(v_i, b_{-i})) - t_i(v_i, b_{-i}) \geq v_i(d_i(b_i, b_{-i})) - t_i(b_i, b_{-i}) \tag{3.3}$$

が成り立つ．

これから VCG オークションの定義を行う．**VCG オークション** (d, t) とは，d

が上位落札性を満たすよう定められており，かつ各 i について支払額が

$$t_i(b) = \underbrace{\underbrace{\max_x \sum_{j \neq i} b_j(x_j)}_{i\text{ 無し小社会で最大化された余剰}} - \underbrace{\sum_{j \neq i} b_j(d_j(b))}_{i\text{ 有り社会での } i \text{ 以外の余剰}}}_{i\text{ 無し小社会の損失}}$$

となっているオークションルールとして定められる．なお

$$\max_x \sum_{j \neq i} b_j(x_j)$$

は，$\sum_{j \neq i} b_j(x_j)$ が $x = (x_1, x_2, \ldots, x_n)$ の選択により最大化されたときの値を表す．

さて，同質財の複数需要ケースでの VCG オークションは，各入札者 i に，自分のビッドを除く負けビッドの上から $d_i(b)$ 個の総和を支払わせるものであった．この額は，ここでいう「i のいない小社会への損失」に他ならない．というのは，$d_i(b)$ 個の財を購入できる入札者 i がいないときには，「自分のビッドを除く負けビッドの上から $d_i(b)$ 個のビッド」が勝ちビッドとなっていたはずである．そして，この総和こそが，i のいない小社会に与えた損失に他ならないからである．つまり，ここで定義した VCG オークションは，同質財の複数需要ケースで定義した VCG オークションの一般化になっている．

なお，VCG オークションのもとで，この定義に見られる「小社会への損失」を払わせること自体が，何らかの倫理的な望ましさを持つと主張しているわけではない．重要なのは，この支払いルールを採用している限り，評価値を正直にビッドすることが誰にとっても常に最適になっており，それを通じて効率的な財配分が実現されるということである．

命題 3.1. VCG オークション (d, t) は耐戦略性を満たす．

証明. 任意の i, v_i, b_{-i}, b_i について考える．これから

$$v_i(d_i(v_i, b_{-i})) - t_i(v_i, b_{-i}) \geq v_i(d_i(b_i, b_{-i})) - t_i(b_i, b_{-i}) \tag{3.4}$$

が成り立つことを示したい．定義より，この不等式は

$$v_i(d_i(v_i, b_{-i})) + \sum_{j \neq i} b_j(d_j(v_i, b_{-i})) - \max_x \sum_{j \neq i} b_j(x_j) \geq$$
$$v_i(d_i(b_i, b_{-i})) + \sum_{j \neq i} b_j(d_j(b_i, b_{-i})) - \max_x \sum_{j \neq i} b_j(x_j)$$

と書ける．この不等式が成り立つことと

$$v_i(d_i(v_i, b_{-i})) + \sum_{j \neq i} b_j(d_j(v_i, b_{-i})) \geq$$
$$v_i(d_i(b_i, b_{-i})) + \sum_{j \neq i} b_j(d_j(b_i, b_{-i})) \tag{3.5}$$

が成り立つことは同値である．上位落札性より，$d(v_i, b_{-i})$ は

$$v_i(x_i) + \sum_{j \neq i} b_j(x_j)$$

を最大化するものなので，(3.5) は成り立つ．よって (3.4) も同じく成り立つ． □

3.6　VCG オークションについての補足

3.6.1　ビッドの数

VCG オークションを用いるためには，各入札者が全ての財の組み合わせに対しビッドを付け，提出しなければならない．しかし，財の組み合わせの数は，財

の数が増えるにつれ幾何級数的に大きくなる．例えば，2つの財 α, β について，その組み合わせは

$$\alpha, \beta, \alpha\beta$$

の3通りのみである．しかし，3つの財 α, β, γ について，その組み合わせは

$$\alpha, \beta, \gamma, \alpha\beta, \alpha\gamma, \beta\gamma, \alpha\beta\gamma$$

の7通りに増加する．一般に，財が L 個あるとき，その組み合わせは $2^L - 1$ 通り存在する．仮に $L = 10$ であれば，$2^L - 1 = 1023$ となるが，1023個のビッドを申告するのは大変な手間であるし，そもそも入札者はそれら全ての組み合わせに対して明確に評価値を持っているとは考えにくい．また，そのようなビッドがなされたとしても，上位落札性を満たすような財の割当を計算することには，膨大な計算量を伴うという実行上の問題も発生する．つまり，VCGオークションがうまく機能するのは，実質的には，財の数が多くないときのみである．

　代替案としては，**同時競り上げ式**と呼ばれる，各財に対して個別に，競り上げ式オークションを行う方法が考えられる．この実施においては，全ての競り上げ式オークションが同時に行われ，どこか1つでもオークションが続いている限り，全てのオークションが続行される．この工夫により「こっちの財は買えなさそうだから，あっちの財に乗り換えよう」といった決定が可能になり，また「この財は買えそうだから，補完関係にあるあっちの財も買おう」といった組み合わせに対する選好をビッドに反映させることができるようになる．更に「この財は値段が上がってきたから，よく似たあっちを買おう」といった裁定が働くことで，一物一価に近い価格が実現する．組み合わせオークションの成功例としてよく挙げられる，アメリカやイギリスをはじめとする周波数オークションでは，ルールの細部に違いはあるものの，いずれも同時競り上げ式オークションがベースとして用いられている．

第 I 部　オークション

3.6.2　架空名義入札

　インターネットオークションにおいては，1 人の入札者が複数のアカウントを持つことがしばしば可能である．いま 2 人の入札者がおり，それぞれの評価値ベクトルが

$$v_1 = (4, 8, 10)$$
$$v_2 = (0, 0, 8)$$

であるとしよう．いま彼らが評価値をそのままビッドすれば，入札者 1 が α, β をともに得て 8 支払うのが，VCG オークションの定める結果である．

　しかしここで，入札者 1 が別のビッド $b_1 = (5, 0, 5)$ を行うとともに，ダミーである架空の入札者 3 を使い $b_3 = (0, 6, 6)$ をビッドしたとしよう．ここで「ダミー」とは，例えば別のメールアドレスを用いて作成したアカウントのことを意味する．すると，ビッドの組は

$$b_1 = (5, 0, 5)$$
$$v_2 = (0, 0, 8)$$
$$b_3 = (0, 6, 6)$$

となる．そしてこれに対し VCG オークションを用いれば，入札者 1 が α を得て $8 - 6 = 2$ 支払い，架空入札者 3 が β を得て $8 - 5 = 3$ 支払うことになる．つまり入札者 1 は，α, β を $2 + 3 = 5$ の支払額で競り落としたことになる．これは，架空名義入札を行わなかったときの支払額 8 より少ない．このような戦略的操作を**架空名義入札**という．VCG オークションは架空名義入札に対して頑健ではない．

第3章　複数財オークション

3.7　まとめ

　単一需要のケースでは，複数個の同質財を取引するためのオークションデザインは，単一財のときとほぼ同様に行うことができる．しかし，複数需要のケースでは，もはやそうでない．実際，VCGオークションという耐戦略性を満たすルールは，直観的でない支払いルールを持っている．VCGオークションの背後にある原理は，それぞれの入札者が他者に与える，ある種の負の外部性を各自に払わせるというものである．

文献補足

　日本国債のオークションについては，日本銀行金融研究所 (2004, 第10章) に簡単な説明がある．本章で行った，次点価格オークションのもとでの過少ビッドに関する解説は，Engelbrecht-Wiggans and Kahn (1998) と Ausubel and Cramton (2002) で展開された議論に即している．ただし，国債のような同質財の複数需要ケースで，どのオークションルールが望ましいかについては，依然，統一見解のようなものはない．過少ビッドの問題についても，実際にどの程度深刻なのかについては，明確にはわかっていない．Binmore and Swierzbinski (2000) は，国債オークションにおける，ビッド支払オークションと次点価格オークションの比較に関する議論を簡潔にまとめている．金融市場へのオークション理論の応用については，上田 (2010) が論点の整理を行っている．

　同時競り上げ式オークションに関する解説は，Milgrom (2000, 2004) に詳しい．架空名義入札に関する代表的な論文には Yokoo, Sakurai, and Matsubara (2004) があり，そこでは，VCGオークションのみならず上位落札性を満たすどのようなオークションルールも架空名義入札に対して頑健でないことが示されている．封印型であるVCGオークションに対応する公開型オークションは，Ausubel (2004) により提案されている．VCGオークションは，オークション

よりも一般的な資源配分問題において Clarke (1971) と Groves (1973) により導入されたもので，メカニズムデザイン理論で中心的な役割を果たしている．これについては，例えば Jackson (2003) が入門的なサーヴェイを与えている．

複数財オークションにおいても収入同値定理は部分的に成り立つが，単一財のときほど重要な役割は果たさない．詳細に関心のある者は，例えば，初期の研究として Engelbrecht-Wiggans (1988)，比較的新しいものとして Krishna and Perry (1998) と Ausubel and Cramton (2002) を参照されたい．

第4章 予算バランス
——ダブルオークションと公平分担

4.1 はじめに

　予算バランスが成り立っているとは，オークションに直接的に参加する者の中だけで，金銭移転が閉じていることを意味する．これまで扱ってきたオークションでは，勝者は財の売り手に金銭の支払いを行うが，売り手はビッドを行うオークションの参加者ではなかった．いわばオークションの参加者から非参加者へと金銭移転が行われていたわけである．そこでは当然ながら，予算バランスが成り立つ必要性は無かった．本章では，予算バランスが満たされるべきと考えられる2つのケースを扱っていく．それが，これから述べる，ダブルオークションと公平分担と呼ばれる問題である．

　第4.2節では，財の売り手が「これ以上の価格なら売ってもよい」という最低落札価格をビッドし，買い手が「これ以下の価格なら買ってもよい」という最高支払価格をビッドする**ダブルオークション**について考察する．買い手のみならず，財の売り手もオークションの場にプレイヤーとして直接的に参加し，戦略的にビッドを行うことがダブルオークションの特徴である．ダブルオークションは多くの財を同時に扱う取引でよく用いられており，証券取引所で行われている株式売買はその典型例である．日本では，江戸時代に大坂の堂島米市場でダブルオークションによる先物取引が行われており歴史が古い．ここでは単一需要を仮定し，複数の同質財を取引する単純な状況を考える．

第 I 部　オークション

　第 4.3 節では，1 つの財が最初から個人の集団に与えられており，そのうち誰か 1 人が所有者となり，その代わり彼は非所有者たちに金銭を支払う**公平分担問題**を考察する．ただし，誰も財を所有したくない場合，つまり財がグッズでなくバッズのケースでは，所有者は，非所有者たちに金銭を支払うのではなく，逆に支払ってもらうことを考える．バッズのケースは応用に富んでおり，ごみ処分場や米軍基地などの近隣迷惑施設を受け入れた地域が，他の地域から金銭補償を受ける問題や，嫌な仕事を行う個人が他者から報酬を受ける問題は，その好例である．

4.2　ダブルオークション

4.2.1　モデル

　個人を $i = 1, \ldots, m, m+1, \ldots, n$ で表す．m 人の $i = 1, \ldots, m$ たちを**売り手**，$n - m$ 人の $i = m+1, \ldots, n$ たちを**買い手**と呼ぶ．売り手は同質の財を 1 つずつ所有しており，買い手は所有していない．m は財の個数でもあることに注意されたい．

　単一需要を仮定し，誰もこの財を 2 つ以上所有する必要性は無いものとする．各個人 i の財への**評価値**を $v_i \geq 0$ で表し，その組を

$$v = (v_1, \ldots, v_m, v_{m+1}, \ldots, v_n)$$

で表す．各 i の，v_i についての利得関数 U_i は

$$U_i(1, t_i) = v_i + t_i$$
$$U_i(0, t_i) = t_i$$

で表される．t_i は正でも負でもゼロでもよい，「ネットの金銭移転額」を表す．つまり，$t_i > 0$ であれば i はお金を受け取っており，$t_i < 0$ であれば支払っている

ことになる．$t_i = 0$ ならば受け取っても支払ってもいない．前章までは，記号 t_i は一貫して「支払額を表すゼロ以上の値」を表していたが，本章ではそうでないことに注意されたい．ここでのオークションの目標は，評価値の低い売り手から，高い買い手へと，財の効率的な移転を実現することにある．

各 $i = 1, \ldots, m, m+1, \ldots, n$ のビッドを $b_i \geq 0$ で表し，その組を

$$b = (b_1, \ldots, b_m, b_{m+1}, \ldots, b_n)$$

で表す．**オークションルール**(d, t) とは，各 b に対し，それぞれの i の財の所有個数 $d_i(b) = 0, 1$ とネットの金銭移転額 $t_i(b)$ を与える関数のことである．つまり，i が売り手であれば，$d_i(b) = 0$ のときに財を売ったということになる．また，i が買い手であれば，$d_i(b) = 1$ のときに財を買ったということになる．ただし，財の所有者になる個人の数は，財の数 m と一致せねばならない．つまり，$d_i(b) = 1$ となる i は売り手と買い手合わせて m 人存在する．

オークションルールの性質を以下に定める．

上位落札性　各 b に対して，上位 m 人の個人 i が $d_i(b) = 1$ となる．

耐戦略性　入札者 i，評価値 v_i，他の入札者たちのビッドの組 b_{-i}，自身のビッド b_i について，これらが何であっても

$$v_i \cdot d_i(v_i, b_{-i}) + t_i(v_i, b_{-i}) \geq v_i \cdot d_i(b_i, b_{-i}) + t_i(b_i, b_{-i})$$

が成り立つ．

個人合理性　売り手が財を手放すとき，受取額は自身のビッド以上となる．また，買い手が財を得るとき，支払額は自身のビッド以下となる．そして，取引に参加しない個人は金銭移転を一切行わない．つまり，全ての b について，$d_i(b) = 0$ である売り手 $i \leq m$ について $t_i(b) \geq b_i$，$d_i(b) = 1$ である買い手 $i \geq m+1$ について $t_i(b) \geq -b_i$，それら以外の i については $t_i(b) = 0$ が成り立つ．

予算バランス 各 b について，$\sum_{i=1}^{n} t_i(b) = 0$ が成り立つ．つまり，お金がオークションの外部から入ってきたり，出ていったりすることがない．

4.2.2　不可能性定理

上位落札性，耐戦略性，個人合理性，予算バランスはいずれも自然な条件であるが，次の命題は，これらを全て満たすオークションルールが存在しないことを示している．

命題 4.1. 上位落札性，耐戦略性，個人合理性，予算バランスを満たすオークションルールは存在しない．

証明． この命題自体は売り手と買い手の数が何人でも成り立つが，証明をシンプルにするため，ここでは1人の売り手と1人の買い手が存在するケースのみを考える．売り手が個人1，買い手が個人2である．上位落札性，耐戦略性，個人合理性，予算バランスを満たすオークションルール (d, t) が存在するとして矛盾を導く．

上位落札性より，$d_1(2, 4) = d_1(3, 4) = 0$ である．個人合理性より，$t_1(3, 4) \geq 3$ が成り立つ．耐戦略性より，個人1は $v = (3, 4)$ のときに $b_1 = 2$ をビッドするインセンティブが無いので

$$3 \cdot \underbrace{d_1(3, 4)}_{=0} + t_1(3, 4) \geq 3 \cdot \underbrace{d_1(2, 4)}_{=0} + t_1(2, 4)$$

である．また，個人1は $v = (2, 4)$ のときに $b_1 = 3$ をビッドするインセンティブが無いので

$$2 \cdot \underbrace{d_1(2, 4)}_{=0} + t_1(2, 4) \geq 2 \cdot \underbrace{d_1(3, 4)}_{=0} + t_1(3, 4)$$

である．よって

$$t_1(2,4) = t_1(3,4) \geq 3 \tag{4.1}$$

が成り立つ．

上位落札性より，$d_2(1,2) = d_2(1,4) = 1$ である．個人合理性より，$t_2(1,2) \geq -2$ が成り立つ．耐戦略性より，個人 2 は $v = (1,2)$ のときに $b_2 = 4$ をビッドするインセンティブが無く，また $v = (1,4)$ のときに $b_2 = 2$ をビッドするインセンティブが無いので，(4.1) と同様にして

$$t_2(1,4) = t_2(1,2) \geq -2$$

が得られる．よって，予算バランスより

$$t_1(1,4) = t_1(1,2) \leq 2 \tag{4.2}$$

が成り立つ．

いま (4.1) と (4.2) より

$$t_1(1,4) < t_1(2,4) \tag{4.3}$$

がいえる．上位落札性より $d_1(1,4) = d_1(2,4) = 0$ なので，(4.3) から

$$1 \cdot \underbrace{d_1(1,4)}_{=0} + t_1(1,4) < 1 \cdot \underbrace{d_1(2,4)}_{=0} + t_1(2,4)$$

が成り立つ．しかしこれは，個人 1 が $v = (1,4)$ のときに $b_1 = 2$ をビッドして利得を増やせることを意味しており，耐戦略性に矛盾である． □

この命題は，耐戦略性と個人合理性を，それぞれ「ベイジアン誘因両立性」と「期待利得に関する個人合理性」という弱い条件へと弱めても，依然，成り

立つことが知られている．命題 4.1 は，政府が免許や公共物などを民間部門に割り当てる際の方法選択について，次のような重要な含意を持つ．

いま，オークションルールを，表明された評価値に基づき取引を進める交渉ルールと解釈すれば，命題 4.1 は，相対取引においてそのような交渉ルールが存在しないことを意味している．とすれば，オークションに頼らず，例えばくじで財の所有者を決めて，その後は当事者間の取引に任せることで効率性の達成を目指すという方法は，なかなかうまくいかないと考えられる．また，政府が，性能の悪いオークションルールに基づき財を販売し，非効率的な配分が実現してしまったとしても，それを当事者間の取引だけで解決することは，必ずしも容易でない．こうした失敗を避けるためには，政府は，うまくデザインされたオークションルールを最初から用いてオークションを行い，公共資源の効率的な配分が実現するよう細心の注意を払わねばならない．

4.2.3 マカフィーオークション

命題 4.1 は残念な結果ではあるが，上位落札性と予算バランスをいくらかあきらめることで，耐戦略性と個人合理性を満たすオークションルールを設計することができる．いま，ビッドの組

$$b = (b_1, \ldots, b_m, b_{m+1}, \ldots, b_n)$$

のもとで，財の数 $k \leq m$ について，$\underline{b}[k]$ により，売り手ビッドの組

$$(b_1, \ldots, b_m)$$

の中で k 番目に低いビッドを表す．また，$\overline{b}[k]$ により，買い手ビッドの組

$$(b_{m+1}, \ldots, b_n)$$

の中で k 番目に高いビッドを表す．いま

$$\bar{b}[k] > \underline{b}[k] \tag{4.4}$$

であれば，k 個の財取引が可能と考えられる．(4.4) を満たす最大の k を k^* で表す．この k^* を超える個数の財取引は，相対的にビッドの高い売り手から低い買い手への財の移転を伴うので，適切でない．

本節ではマカフィーオークションについて考察していくが，そのデザインの骨子を理解するため，まず次のようなオークションルールを考えてみよう．

> 買い手の中でビッドが上位 k^*-1 人の者が $\bar{b}[k^*]$ 支払い，売り手の中でビッドが下位 k^*-1 人の者が $\underline{b}[k^*]$ 受け取り，オークションの主催者が残った
>
> $$(k^*-1)(\bar{b}[k^*] - \underline{b}[k^*])$$
>
> を受け取る．

これはある種の，次点価格オークションの両サイド版であり，耐戦略性と個人合理性を満たすことが容易に確かめられる．$\bar{b}[k^*] > \underline{b}[k^*]$ なので，ビッドが上位 k^* 番目の買い手は，下位 k^* 番目の売り手と，取引を行えても良さそうなものだが，そうさせないことが，耐戦略性を満たすための工夫となっている．

予算バランスを満たさないことは，売り手と買い手にとってはロスであるが，社会的余剰の観点だけから見るならば，$(k^*-1)(\bar{b}[k^*] - \underline{b}[k^*])$ は主催者が受け取り，消えて無くなるわけではないので問題ではない．しかし，上位落札性を満たさないことは，評価値とビッドが一致するとすれば

$$\bar{v}[k^*] - \underline{v}[k^*] = \bar{b}[k^*] - \underline{b}[k^*] > 0$$

の社会的ロスが発生していることを意味する．このロスが小さくなるよう，ルールをうまく修正したものがマカフィーオークションである．

第I部　オークション

まず，例によりその直感的なアイデアを与える．いま $n = 8, m = 3$ とし

$$b = (\underbrace{5, 6, 7}_{\text{売り手}}, \underbrace{2, 3, 6, 8, 10}_{\text{買い手}})$$

とする．いま $k^* = 2$ である．このとき上位落札性は，個人3と7と8が財の所有者となることを求める．つまり，売り手である個人1と2が，買い手である個人7と8へ財を販売するということである．マカフィーオークションはこのとき，「個人1と2の次に評価値が低い売り手のビッド」と「個人7と8の次に評価値が高い買い手のビッド」の中間を「価格の候補」$p(b)$ として用いる．このときその値は

$$p(b) = \frac{b_3 + b_6}{2} = \frac{7 + 6}{2} = 6.5$$

である．

この $p(b)$ は個人2のビッド $b_2 = 6$ より大きく，個人7のビッド $b_7 = 8$ より小さい．つまり，個人合理性と整合的な取引価格として用いることができるものである．そしてこのときマカフィーオークションは，売り手である個人1と2が，買い手である個人7と8へ，価格6.5で財を販売することと定める．

しかしいま

$$b = (\underbrace{5, 6, 12}_{\text{売り手}}, \underbrace{2, 3, 6, 8, 10}_{\text{買い手}})$$

であったとしよう．このとき価格の候補は

$$p(b) = \frac{b_3 + b_6}{2} = \frac{12 + 6}{2} = 9$$

であり，買い手である個人7のビッド $b_7 = 8$ より大きいため，個人合理性と整合的な取引価格に適していない．そしてこのときマカフィーオークションは，上位落札性をあきらめ，取引を，売り手である個人1が，買い手である個人8へ

財を販売するのみにとどめる．また，予算バランスをあきらめ，個人 8 は「あきらめさせられた個人 7 のビッド」$b_7 = 8$ を支払い，個人 1 は「あきらめさせられた個人 2 のビッド」$b_2 = 6$ のみを受け取る．残りの金額 $8 - 6 = 2$ は，オークションの主催者が受け取る．

より厳密に**マカフィーオークション**を定義しよう．まず，条件

$$k^* + 1 \leq \underbrace{m}_{\text{売り手の人数}} \quad \text{かつ} \quad k^* + 1 \leq \underbrace{n - m}_{\text{買い手の人数}} \tag{4.5}$$

が満たされている状況，つまり k^* 個の財取引が実施されるときに，その取引に加わらない売り手と買い手が少なくとも 1 人ずつ存在する状況を考える．このとき取引価格の候補

$$p(b) = \frac{\bar{b}[k^* + 1] + \underline{b}[k^* + 1]}{2}$$

について条件

$$\underline{b}[k^*] \leq p(b) \leq \bar{b}[k^*] \tag{4.6}$$

が成り立つならば，買い手のうちビッドが k^* 番以内に高い者が，売り手のうちビッドが k^* 番以内に低い者から，価格 $p(b)$ で財を購入する．このとき支払額と受取額は一致している．

条件 (4.5) と (4.6) のうち 1 つでも成り立たない場合は，買い手のうちビッドが $k^* - 1$ 番以内に高い者が，それぞれ $\bar{b}[k^*]$ 支払って売り手のうちビッドが $k^* - 1$ 番以内に低い者から財を購入する．ただし，それら売り手が受け取る金額は $\underline{b}[k^*]$ であり，支払額と受取額の差額の和

$$(k^* - 1)(\bar{b}[k^*] - \underline{b}[k^*])$$

は，オークションの主催者が受け取る．この額は，定義より必ずゼロ以上である．マカフィーオークションが個人合理性を満たすことは明らかである．また，

第 I 部　オークション

このルールが耐戦略性を満たすことは，定義の複雑さから場合分けが多少面倒にはなるが，第 2 価格オークションが耐戦略性を満たすのと同じように示すことができる．

4.3　公平分担問題

4.3.1　モデル

議論をシンプルにするために，2 人の個人 $i = 1, 2$ が存在する状況を考える．彼らは公平に扱われるべき等しい立場にいる．いま 1 つの財 a が彼らに与えられているが，まだどちらの個人がその財を所有するかは決まっていない．各個人 i の財への評価値 v_i は整数であるものとする[1]．

彼らのうちどちらかが，財を所有する**受け手** j となるが，そのとき j は公平性を保つために，いくらかの金額 m を**非受け手**である $k \neq j$ に渡すことを考える[2]．受け手となった j の利得は，「財からの利得マイナス渡す金額」である $v_j - m$ により与えられる．非受け手となった k の利得は，「もらう金額」である m により与えられる．財の受け手と，受け手から非受け手への金銭移転額のペア (j, m) のことを，**配分**と呼ぶ．受け手が m 支払い，非受け手が m 受け取る形になっているので，配分の定義に予算バランスが含まれていることに注意されたい．

---

[1] 非整数を許容しても同様の議論を展開できるが，本節で重要な役割を果たすフェアメカニズムを定義する際に若干の修正が必要となる．専門性の高いテーマであり本書ではこれについて踏み込まない．

[2] m は負の値でも構わない．そのとき受け手 j は非受け手 k からお金をもらっているものと解釈される．ここでは話を簡単にするため，m を正の値のように扱い説明を行っている．

4.3.2 フェアメカニズム

公平分担問題においては，耐戦略性を満たす配分ルールは「常に個人 1 が財の受け手となり，個人 2 に渡す金額はゼロ」といったものなど，効率性や公平性の観点から著しく問題があるものしか存在しないことが知られている．つまり耐戦略性を満たす配分ルールに頼ることは，ここではできない．そこで次の方法を考えてみよう．

> **フェアメカニズム** 各個人 i は，整数値 b_i をビッドする．最高入札者が財の受け手となり，$m = \dfrac{b[2]}{2}$ を非受け手に渡す[3]．2 人が同じ値を申告した場合には，個人 1 を受け手とする (個人 2 としても構わないが，いずれかに固定しておく)．

表 4.1 は，ビッドを 1 から 6 までの整数に限るものとし，各 $b = (b_1, b_2)$ に対し，フェアメカニズムが与える配分 (j, m) をまとめたものである．例えば $b = (3, 1)$ のときには，個人 1 が勝者となり

$$m = 0.5 = \frac{b_2}{2}$$

を個人 2 に支払うので，$(1, 0.5)$ と書かれている．

4.3.3 人々の戦略的行動と無羨望配分の実現

フェアメカニズムのもとで，人々はどのようなビッドを行い，その帰結としてどのような配分が実現するだろうか．ここでは代表的な例として，評価値が $v = (4, 2)$ のケースを考える．

---

[3] ここでは個人が 2 人だけのケースを扱っているが，フェアメカニズム自体は一般に n 人のケースで定義できる．そのときには，最高入札者が $\dfrac{b[2]}{n}$ をそれぞれの非受け手に渡すことになる．非受け手は $n-1$ 人存在するので，受け手の総支払額は $\dfrac{(n-1)b[2]}{n}$ となる．

表 4.1: 各 $b = (b_1, b_2)$ のもとでの配分 (j, m)

$b_1 \backslash b_2$	1	2	3	4	5	6
1	1, 0.5	2, 0.5	2, 0.5	2, 0.5	2, 0.5	2, 0.5
2	1, 0.5	1, 1	2, 1	2, 1	2, 1	2, 1
3	1, 0.5	1, 1	1, 1.5	2, 1.5	2, 1.5	2, 1.5
4	1, 0.5	1, 1	1, 1.5	1, 2	2, 2	2, 2
5	1, 0.5	1, 1	1, 1.5	1, 2	1, 2.5	2, 2.5
6	1, 0.5	1, 1	1, 1.5	1, 2	1, 2.5	1, 3

まず，各 b のもとで実現する，各人の利得を計算してみよう．$b = (3, 4)$ を例として考えれば，このとき個人2は受け手となり，$m = 1.5$ を個人1に渡すことになる．すると個人1の利得は $m = 1.5$，個人2の利得は $v_2 - m = 2 - 1.5 = 0.5$ である．つまり $b = (3, 4)$ により実現する利得のペアは $(1.5, 0.5)$ となる．他の b についても同様に利得のペアを計算し，それらをリストアップしたものが表4.2である．

表 4.2: $v = (4, 2)$ のとき，各 $b = (b_1, b_2)$ のもとで得られる利得のペア

$b_1 \backslash b_2$	1	2	3	4	5	6
1	3.5, 0.5	0.5, 1.5	0.5, 1.5	0.5, 1.5	0.5, 1.5	0.5, 1.5
2	3.5, 0.5	3, 1	1, 1	1, 1	1, 1	1, 1
3	3.5, 0.5	3, 1	2.5, 1.5	1.5, 0.5	1.5, 0.5	1.5, 0.5
4	3.5, 0.5	3, 1	2.5, 1.5	2, 2	2, 0	2, 0
5	3.5, 0.5	3, 1	2.5, 1.5	2, 2	1.5, 2.5	2.5, −0.5
6	3.5, 0.5	3, 1	2.5, 1.5	2, 2	1.5, 2.5	1, 3

表 4.2 から各個人がどのようなビッドを行うかを推測してみよう.

- 個人 1 は, $b_1 = 1, 2, 3$ を選ばない. なぜなら, 個人 2 がどのような b_2 をビッドしても, $b_1 = 4$ をビッドした方が $b_1 = 1, 2, 3$ をビッドした以上の (場合によっては厳密に大きい) 利得をあげられるからである. ゲーム理論の言葉でいえば, $b_1 = 4$ は $b_1 = 1, 2, 3$ を支配している.

- 個人 1 は, $b_1 = 6$ を選ばない. なぜなら, 個人 2 がどのような b_2 をビッドしても, $b_1 = 5$ をビッドした方が $b_1 = 6$ をビッドした以上の (場合によっては厳密に大きい) 利得をあげられるからである. ゲーム理論の言葉でいえば, $b_1 = 5$ は $b_1 = 6$ を支配している.

- 個人 2 は, $b_2 = 1, 2$ を選ばない. なぜなら, 個人 1 がどのような b_1 をビッドしても, $b_2 = 3$ をビッドした方が $b_2 = 1, 2$ をビッドした以上の (場合によっては厳密に大きい) 利得をあげられるからである. ゲーム理論の言葉でいえば, $b_2 = 3$ は $b_2 = 1, 2$ を支配している.

- 以上の推測から, 起こりうるビッドの組は

$$b = (4, 3), (4, 4), (4, 5), (4, 6), (5, 3), (5, 4), (5, 5), (5, 6)$$

である. これらはいずれも支配されない戦略からなるビッドの組である.

- 上記 8 組のビッドの組のうち, 例えば $b = (5, 3)$ は起こる蓋然性が低い. というのは, 個人 2 が「個人 1 は 5 をビッドするだろう」と予想すれば, 個人 2 はビッドを 3 ではなく 5 にした方が高い利得をあげられるからである. 実際, 個人 2 の利得は, $b = (5, 3)$ のとき 1.5, $b = (5, 5)$ のときは 2.5 である. ゲーム理論の言葉でいえば, $b = (5, 3)$ はナッシュ均衡でない. 同様の指摘が, 上記 8 組のビッドの組のうち, $b = (4, 4)$ を除く全てのビッドの組について成り立つ.

第 I 部 　オークション

- ゲーム理論の言葉でいえば，$b = (4,4)$ は，上記 8 組のビッドの組の中で唯一のナッシュ均衡となっている．つまり $b = (4,4)$ は，すべてのビッドの組の中で唯一存在する，支配される戦略を含まないナッシュ均衡（無支配ナッシュ均衡）である[4]．以上の議論より，フェアメカニズムのもとでは，$v = (4,2)$ のとき，$b = (4,4)$ が実現する蓋然性が最も高いものと考えられる．

$b = (4,4)$ のもとでは配分 $(1,2)$ が選ばれる．つまり，最高評価者である個人 1 が，自身の評価値 $v_1 = 4$ のちょうど半分である $m = 2$ を個人 2 に渡すことになる．すなわち効率性は達成され，そして実現する利得のペアは $(v_1 - m, m) = (2,2)$ なので，社会的余剰は両者で折半されていることになる．

得られた結果の解釈には多少の注意が必要である．いま，ここでいう「利得」が金銭的なものであれば，実現する利得のペア $(2,2)$ を見て，お金の均等分配がなされていると考えることができる．いわば 2 と 2 を比較し，これらは同じ数ということで，完全に平等な結果が得られたわけである．しかし，その「利得」が心理的なものであれば，2 と 2 の個人間比較を行うことの正当性は自明でなくなり，$(2,2)$ を「均等効用」と考えることは（標準的な厚生経済学の立場では）是とされない．しかしながら，ここでいう「利得」が金銭的でなく心理的なものであるケースでも，配分 $(1,2)$ は次の意味で非常に公平なものである．

受け手となった個人 1 のいまの利得は $v_1 - m = 4 - 2 = 2$ である．彼が「仮想的に個人 2 の立場に立ち，$m = 2$ 受け取る」ことを考えれば，そのときの彼の利得は $m = 2$ である．つまり個人 1 にとって，いまの「α を受け取り $m = 2$ 支払う」ことと，立場を入れ替えた「$m = 2$ 受け取る」ことは同程度に望ましい．この意味で，個人 1 は個人 2 を羨ましいと思わない．

非受け手となった個人 2 のいまの利得は $m = 2$ である．彼が「仮想的に個人 1 の立場に立ち，α 受け取り $m = 2$ 支払う」ことを考えれば，そのとき

---
[4] 支配される戦略を含むナッシュ均衡には $(2,2)$ と $(3,3)$ がある．

の彼の利得は $v_2 - 2 = 2 - 2 = 0$ である．つまり個人 2 にとって，いまの「$m = 2$ 受け取る」ことは，立場を入れ替えた「α を受け取り $m = 2$ 支払う」ことより望ましい．この意味で，個人 2 は個人 1 を羨ましいと思わない．

このように，受け手と非受け手が，互いに相手の立場を羨ましいと思わないような配分のことを，**無羨望配分**と呼ぶ．フェアメカニズムのもとでは，個人間の戦略的行動を通じて効率的な無羨望配分が実現するものと考えられる．

いまの例では $v = (4, 2)$ のケースを扱ったが，他の v に対しても同様の結果が成り立つ．ここで興味深いのは，個人 2 の戦略が $b_2 = 4$ ということは，個人 2 は正直に自身の評価値 $v_2 = 2$ を申告しているわけではない点である．制度設計において重要なのは，真の評価値を制度の運営者が知ることではなく，真の評価値に照らして望ましいと考えられる配分が実現することである．フェアメカニズムは，正直申告に頼らないで望ましい配分（ここでは効率的な無羨望配分）を実現する，有用な手段といえる．

なお，フェアメカニズムを定義する際，2 人が同じ値をビッドした場合には個人 1 を受け手とすることにしていたが，個人 2 を受け手とする場合には，$b = (5, 4)$ が，支配されない戦略から構成される唯一のナッシュ均衡（無支配ナッシュ均衡）となる．これは表 4.1 と表 4.2 に対応するものを作成すれば容易に確かめられる．フェアメカニズムは，$b = (5, 4)$ のもとで「個人 1 が受け手となり個人 2 に $m = 2$ 支払う」配分を選択するので，得られる配分はこれまでと同じく $(j, m) = (1, 2)$，実現する利得のペアは $(2, 2)$ である．

4.4 まとめ

本章では，予算バランスを満たすことが重要となる 2 つのケース，ダブルオークションと公平分担について考察してきた．

第I部　オークション

　ダブルオークションは，通常の（シングル）オークションと比べると，いわゆる普通の市場に近い．しかし，売り手というプレイヤーが増えたことで，戦略的な状況は複雑になり，命題 4.1 に見られるような，望ましいオークションルールの非存在性が示される．上位落札性と予算バランスを部分的にあきらめることは，これを解消するための有力なアプローチであり，マカフィーオークションはその成功例であるといえよう．

　公平分担においては，効率性のみならず公平性の実現も主たる目標となる．ここではフェアメカニズムが重要な役割を果たし，効率性と無羨望性をともに満たす配分を実現する．また，利得の個人間比較に意味があるケースでは，均等利得が達成されるので，きわめて公平な結果が得られることになる．

文献補足

　命題 4.1 は，耐戦略性を満たすメカニズムの一般的な特徴付けを行った，例えば Hölmström (1979) から導くことができる．また，この命題は，Myerson and Satterthwaite (1983) による有名な不可能性定理を，より強い条件を用いて簡単に示したものでもある．マカフィーオークションは McAfee (1992) により導入された．

　公平分担問題は Tadenuma and Thomson (1993) により最初に着目されたもので，包括的なサーヴェイに坂井 (2009) がある．公平分担問題において，耐戦略性を満たす配分ルールに満足のいくものが存在しないことは，Ohseto (2000) や Schummer (2000) らにより明らかにされた．フェアメカニズムは Fujinaka and Sakai (2010) と Fujinaka, Sakai, and Sakaue (2010) で導入されたもので，それら研究の発端は Tadenuma and Thomson (1995) である．無羨望性は Foley (1967) により定義されたもので，個人間の効用比較を前提としない厚生経済学における，公平性の主要な条件である．

第II部

マッチング

第5章　財と財の交換

5.1　はじめに

1人の学生が1つの部屋に住んでいる学生寮を考えてみよう．それぞれの部屋は，家賃や部屋の広さ，日当たりなどに差があり，どの部屋を好むかは学生により異なる．例えば，お金がない者は，狭くとも家賃が安い部屋を好むし，昼間に寮にいることがない者は，部屋の選択において日当たりを気にしない．いま，こうした学生たちの間で，部屋を再配分する問題を考えてみよう．寮の部屋を金銭売買することは通常は認められていないので，オークションのような取引手段を用いることは適切でない．では，様々に異なる属性を持つ部屋を，様々に異なる選好を持つ個人の間で，どのように再配分すればよいだろうか．この問題は**住宅市場問題**と呼ばれているが，1人が1つの財を消費するケースであれば，財は住宅でなくても何でもよい．

5.2　既存住人による部屋の交換

n 人の個人が住んでいる学生寮を考えてみよう．1人の個人は1つの部屋を持っているものとし，個人 $i = 1, 2, \ldots, n$ の住んでいる部屋を，部屋 i と呼ぶ．各個人 i は，n 個の部屋に対して**選好**$\succsim_i$ を持っている[1]．彼らの選好の組を

---

[1] 選好の定義については「記法」を参照せよ．なお，第I部「オークション」では，真の評価値である v_i と，真の評価値とは限らないビッド b_i を，表記のうえで区別していた．第II部「マッ

第II部 マッチング

$\succsim = (\succsim_1, \succsim_2, \ldots, \succsim_n)$ で表す．

各個人 i が部屋 i に住んでいる最初の状態を**初期配分**と呼び

$$\omega = (1, 2, \ldots, n)$$

で表す．**配分**とは，初期配分 ω の並べ替えであり，それを

$$x = (x_1, x_2, \ldots, x_n)$$

で表す．例えば，配分 $(2, 1, 3, 4, \ldots, n)$ は個人 1 と 2 が部屋を交換して得られたものである．また，配分 $(n, 1, 2, \ldots, n-1)$ は，個人 1 が 2 に部屋を渡し，個人 2 が 3 に部屋を渡し，といった具合に 1 つずつ部屋の移転を行い得られたものである．

配分に関する 2 つの重要な性質を以下に定める．

個人合理性 選好組 $\succsim$ のもとで，配分 x が個人合理的であるとは，誰もが初期配分以上に望ましい部屋に住めることである．つまり，全ての $i = 1, 2, \ldots, n$ に対して，$x_i \succsim_i i$ が成り立つことである．

効率性 選好組 $\succsim$ のもとで，配分 y が配分 x を**パレート改善**するとは，皆にとって y が x 以上に望ましく，少なくとも誰か 1 人にとっては y が x より望ましいことを意味する．つまり，全ての $i = 1, 2, \ldots, n$ について $y_i \succsim_i x_i$ が成り立ち，そのうち少なくとも 1 人の j については $y_j \succ_j x_j$ が成り立つことである．そして，選好組 $\succsim$ のもとで配分 x が効率的であるとは，どのような配分 y も x をパレート改善しないことである．すなわち効率的な配分とは，再配分により，誰かの状態を悪化させることなく，誰かの状態を改善する余地が残っていない配分のことである．

チング」で評価値 v_i に対応するものは選好 $\succsim_i$ であるが，扱う選好が真の選好かそうでないかは，それを主題として論じる場合を除いて，特に注意を払わないことにする．これは単に，そのようにした方が，説明が行いやすいからである．

当然ながら，全ての i について $i \sim_i i$ が成り立つので，初期配分は個人合理性を満たす．しかしこの配分は効率性を満たすとは限らない．例えばいま $n = 7$ とし，次の選好組 $\succsim$ を考えてみよう．

$$\succsim_1: 5\ 6\ 7\ 1\ 2\ 3\ 4$$
$$\succsim_2: 3\ 4\ 5\ 6\ 7\ 1\ 2$$
$$\succsim_3: 4\ 5\ 2\ 7\ 1\ 3\ 6$$
$$\succsim_4: 1\ 2\ 3\ 4\ 5\ 6\ 7$$
$$\succsim_5: 4\ 5\ 2\ 3\ 6\ 7\ 1$$
$$\succsim_6: 7\ 1\ 2\ 3\ 4\ 5\ 6$$
$$\succsim_7: 1\ 7\ 4\ 5\ 6\ 3\ 2$$

この選好組のもとでは，初期配分は効率的でない．例えば，個人2が住んでいる部屋2と，個人3が住んでいる部屋3を交換すれば，両者とも自分にとってより望ましい部屋に移ることができる．つまり，$(1, 3, 2, 4, 5, 6, 7)$ は ω をパレート改善している．しかし，$(1, 3, 2, 4, 5, 6, 7)$ も実は効率的ではない．というのは，$(1, 3, 4, 2, 5, 6, 7)$ は $(1, 3, 2, 4, 5, 6, 7)$ をパレート改善しているからである．

では，どのように効率的な配分を見付ければよいだろうか．最も単純な方法は，何らかの優先順位に従い，個々人に順番に部屋を選ばせていくやり方である．例えば，名前の番号が若いほど優先順位が高く，個人1から順に部屋を選んでいくとすれば

$$x = (5, 3, 4, 1, 2, 7, 6)$$

が得られる．しかし，この方法では個人合理性を満たす配分が得られるとは限らない．実際，いま $5 \succ_5 2$ と $7 \succ_7 6$ なので，個人5と7は，最初に住んでいた部屋より悪い部屋に移動することになる．つまり彼らは非自発的に，望まない交換をさせられることになる．このようなことが起こるのでは，低い優先順

第Ⅱ部　マッチング

位を付けられる人々は，部屋を再配分するプロセスにそもそも参加しないと考えられる．

　では，個人合理性を満たすという条件のもとで，効率的な配分を実現するような方法は果たして存在するだろうか．この問いに対するきわめて肯定的な回答が，デヴィッド・ゲールにより提案された**トップ・トレーディング・サイクル・アルゴリズム**（以下，**TTC アルゴリズム**）である．TTC アルゴリズムは，最大 n 回のステップから構成され，各ステップにおいて（その場に残っている）個人は（その場に残っている）部屋の中で最も欲しいものを「これ」と指差す．自分の部屋を指差すことも可能である．そして，以下で描写する「指差しのサイクル」ができている場合に限り，各人は指差した部屋を受け取り，その場から退出する．

　上の例では，このアルゴリズムは次のように働く．個人 i が個人 j の部屋を指差すことを，$i \to j$ で表すことにする．まず，第1ステップでは，全ての個人と全ての部屋が残っている．そして，各人が最も欲しい部屋を指差すと

$$1 \to 5$$
$$2 \to 3$$
$$3 \to 4$$
$$4 \to 1$$
$$5 \to 4$$
$$6 \to 7$$
$$7 \to 1$$

となる．これを見ると

$$1 \to 5 \to 4 \to 1$$

という1つのサイクルができている．ここで，個人1は部屋5を，個人5は部屋4を，個人4は部屋1を得て，この場から退出する．

　第2ステップでは，残っている個人2, 3, 6, 7が，残っている中で最も好む部屋に指を差す．すると残っている部屋への選好は

$$\succsim_2: 3\ 6\ 7\ 2$$
$$\succsim_3: 2\ 7\ 3\ 6$$
$$\succsim_6: 7\ 2\ 3\ 6$$
$$\succsim_7: 7\ 6\ 3\ 2$$

なので

$$2 \to 3 \to 2$$
$$7 \to 7$$

という2つのサイクルができることになる．ここで，個人2は部屋3を，個人3は部屋2を得てこの場から退出する．また，個人7は（もとから住んでいた）部屋7を得て，この場から退出する．

　第3ステップでは，残っている個人6が，残っている中で最も好む部屋（この場合は部屋6しかない）に指を差す．すると

$$6 \to 6$$

という1つのサイクルができている．個人6は（もとから住んでいた）部屋6を得てこの場から退出する．この場からは誰もいなくなり，プロセスは終了する．最終的に，得られた配分を$T(\succsim)$で表すと，$T(\succsim)$は次のようになっている．

$$T(\succsim) = (T_1(\succsim), T_2(\succsim), \ldots, T_7(\succsim)) = (5, 3, 2, 1, 4, 6, 7) \tag{5.1}$$

個人 1, 2, 3, 4, 5 についてはもともと住んでいた部屋より望ましい部屋が，個人 6 と 7 はこれまでと同じ部屋が割り当てられている．

以下は，TTC アルゴリズムの一般的な定義である．

ステップ 1 全ての個人がその場にいる．各個人は，最も好む部屋 (自分の部屋でも構わない) を指差す．i が j の部屋を指差すことを $i \to j$ で表し

$$i_1 \to i_2 \to \cdots \to i_k \to i_1$$

といった指差しの循環を**サイクル**と呼ぶ．すると，人の数は有限なので，このようなサイクルは必ず 1 つは存在する．サイクルに属する個人は，自分が指差している部屋をもらい，この場から退出する．ステップ 2 に残るのは，このステップでどのサイクルにも属さなかった個人たちである．

なお，残る個人の数が 1 番多くなるのは，自分自身を指差すサイクルが 1 つだけ存在した場合である．つまり，ステップ 2 には最大で $n-1$ 人が存在する．

ステップ $s \geq 2$ この場に残っている各個人は，この場に残っている人の部屋の中で，最も好む部屋 (自分の部屋でも構わない) を指差す．すると，人の数は有限なので，このようなサイクルは必ず 1 つは存在する．サイクルに属する個人は，自分が指差している部屋をもらい，この場から退出する．ステップ $s+1$ に残るのは，このステップでどのサイクルにも属さなかった個人たちである．各ステップで少なくとも 1 人は退出するので，遅くともステップ n でアルゴリズムは終了する．

各選好組 $\succsim$ に対して，TTC アルゴリズムが与える配分を $T(\succsim)$ で表す．なお，実際に TTC アルゴリズムを用いる際には，当事者を集めて，各ステップごとに指差しをさせる必要は無い．各人が選好のリストを提出して，誰かがそれに対し TTC アルゴリズムを適用し (多くの場合コンピュータの助けを借りて) 配分を見付ける方が，特に人数が多いときには，より実用的である．

5.3 TTCアルゴリズムが満たす性質

TTCアルゴリズムのもとでは，自分の部屋を指差せば必ず自分の部屋を得られるので，もともと住んでいた部屋より悪い部屋に移されることは無い．つまりどのような$\succsim$のもとでも，$T(\succsim)$は個人合理的である．次に，$T(\succsim)$は効率的であることを示していこう．まず最初に例で示し，次に一般的な証明を与える．

例 5.1. 第5.2節で用いた選好の例

$$\succsim_1: 5\ 6\ 7\ 1\ 2\ 3\ 4$$
$$\succsim_2: 3\ 4\ 5\ 6\ 7\ 1\ 2$$
$$\succsim_3: 4\ 5\ 2\ 7\ 1\ 3\ 6$$
$$\succsim_4: 1\ 2\ 3\ 4\ 5\ 6\ 7$$
$$\succsim_5: 4\ 5\ 2\ 3\ 6\ 7\ 1$$
$$\succsim_6: 7\ 1\ 2\ 3\ 4\ 5\ 6$$
$$\succsim_7: 1\ 7\ 4\ 5\ 6\ 3\ 2$$

を再度考えてみよう．ここでTTCアルゴリズムが選ぶ配分は

$$T(\succsim) = (5, 3, 2, 1, 4, 6, 7)$$

であった．

これから$T(\succsim)$が$\succsim$のもとで効率的であることを示していく．いま，全てのiに対し

$$y_i \succsim_i T_i(\succsim) \tag{5.2}$$

を満たす任意のyについて考える．これから，そのようなyは$T(\succsim)$以外には存在しない，すなわち$y = T(\succsim)$であることを示していく．これは直ちに，$T(\succsim)$

をパレート改善する配分が存在しない，すなわち $T(\succsim)$ が効率的であることを意味する．

個人 $i = 1, 2, 4, 5$ にとって $T_i(\succsim)$ は自分にとってベストの部屋なので，(5.2) より

$$y_1 = T_1(\succsim) = 5,\ y_2 = T_2(\succsim) = 3$$
$$y_4 = T_4(\succsim) = 1,\ y_5 = T_5(\succsim) = 4$$

である．

個人 3 にとって y_3 は $T_3(\succsim) = 2$ 以上に望ましい部屋だが，そのような部屋は 2 と 4 と 5 である．しかし，$y_1 = 5$ かつ $y_5 = 4$ なので，$y_3 = 2$ である．個人 7 にとって y_7 は $T_7(\succsim) = 7$ 以上に望ましい部屋だが，そのような部屋は 1 と 7 である．しかし，$y_4 = 1$ なので，$y_7 = 7$ である．個人 6 の部屋は，残っている部屋，すなわち $y_6 = 6 = T_6(\succsim)$ である．以上の議論より，$y = T(\succsim)$ であることが示された． □

命題 5.1. どのような $\succsim$ に対しても，配分 $T(\succsim)$ は $\succsim$ のもとで効率的である．

証明．任意の選好組 $\succsim$ について，$T(\succsim)$ が $\succsim$ のもとで効率的であることを示していく．いま，全ての i に対し

$$y_i \succsim_i T_i(\succsim) \tag{5.3}$$

を満たす y について考える．これから，そのような y は $T(\succsim)$ 以外には存在しないことを示していく．これは直ちに，$\succsim$ のもとで，$T(\succsim)$ をパレート改善する配分が存在しない，すなわち $T(\succsim)$ が効率的であることを意味する．

TTC アルゴリズムのもとでは，ステップ 1 で退出したどのような個人 i も，自分にとって最も望ましい部屋を得ているので，(5.3) が成り立つためには

$$y_i = T_i(\succsim) \tag{5.4}$$

でなければならない．

ステップ2で退出した個人iについて，$y_i \succ_i T_i(\succsim)$ となることはあるだろうか．もしそうならば，$T_i(\succsim)$ はステップ2の時点でiにとって最も望ましい部屋なので，これよりも望ましい部屋 y_i は，ステップ1で退出した誰か $j \neq i$ に取られた部屋，すなわち $y_i = T_j(\succsim)$ ということになる．しかし，$y_j \neq y_i = T_j(\succsim)$ は (5.4) に矛盾である．つまり，ステップ2で退出したどのような個人iについても $y_i \succ_i T_i(\succsim)$ となることは無いので，(5.3) より

$$y_i = T_i(\succsim) \tag{5.5}$$

が成り立つ．

同様に，ステップ3で退出した個人iについて，$y_i \succ_i T_i(\succsim)$ となることはあるだろうか．$T_i(\succsim)$ はステップ3の時点でiにとって最も望ましい部屋なので，これよりも望ましい部屋 y_i は，ステップ1かステップ2で退出した誰か $j \neq i$ に取られた部屋，すなわち $y_i = T_j(\succsim)$ である．しかし，$y_j \neq y_i = T_j(\succsim)$ は (5.4, 5.5) に矛盾である．つまり，ステップ3で退出したどのような個人iについても $y_i \succ_i T_i(\succsim)$ となることは無いので，(5.3) より

$$y_i = T_i(\succsim)$$

が成り立つ．

以上の議論を最終ステップまで続けることで，全ての個人iについて $y_i = T_i(\succsim)$ であることが示される．つまり $y = T(\succsim)$ が成り立つ． □

5.4 強コア配分

第 5.2 節で用いた選好の例

$$\succsim_1: 5\ 6\ 7\ 1\ 2\ 3\ 4$$
$$\succsim_2: 3\ 4\ 5\ 6\ 7\ 1\ 2$$
$$\succsim_3: 4\ 5\ 2\ 7\ 1\ 3\ 6$$
$$\succsim_4: 1\ 2\ 3\ 4\ 5\ 6\ 7$$
$$\succsim_5: 4\ 5\ 2\ 3\ 6\ 7\ 1$$
$$\succsim_6: 7\ 1\ 2\ 3\ 4\ 5\ 6$$
$$\succsim_7: 1\ 7\ 4\ 5\ 6\ 3\ 2$$

をもう一度考えてみよう．ここで TTC アルゴリズムが選ぶ配分は

$$T(\succsim) = (5, 3, 2, 1, 4, 6, 7)$$

であった．しかしこれは唯一の効率的配分ではない．例えば，配分

$$y = (6, 3, 5, 2, 4, 7, 1)$$

は $T(\succsim)$ と異なる効率的配分である．一見，y は $T(\succsim)$ より何となく望ましそうに見える．というのは，y では全員が 2 番以内に好きな部屋に住めているからだ．

しかし y は次のような欠点を持つ．いま，個人のグループ $1, 4, 5$ が全体での交換に参加せず，自分たちだけで次の部屋交換を実施することを考えてみよう．

- 個人 1 が，部屋 5 に住む．$z_1 = 5$
- 個人 4 が，部屋 1 に住む．$z_4 = 1$

- 個人 5 が，部屋 4 に住む．$z_5 = 4$

y のもとでは，彼らが住む部屋はそれぞれ $y_1 = 6, y_4 = 2, y_5 = 4$ なので

$$z_1 \succ_1 y_1,\ z_4 \succ_4 y_4,\ z_5 \sim_5 y_5$$

が成り立ち，それゆえこれらグループによる y からの逸脱は起こりうるものである．一方 $T(\succsim)$ については，y に対し個人 1, 4, 5 が行ったような「グループ内の誰も損をさせずに誰かに得をさせる，全体の交換プロセスからの逸脱」は，あらゆるグループにとって不可能となっている．このような配分のことを**強コア配分**という．

これはいまの例のみならず一般に成り立つ事実であり，TTC アルゴリズムは常に，唯一存在する強コア配分を導くことが知られている[2]．また，強コアという性質は「どのようなグループの逸脱によっても得られない程度には望ましい部屋が全員に割り当てられる」という規範的な望ましさとしても解釈することができる．つまり，TTC アルゴリズムが選び取る効率的配分は，他の効率的配分とは大きく異なるものである．

5.5 インセンティブ

これまでの議論においては，TTC アルゴリズムのもとで，各個人が戦略的にどのような指差しを行うかについては注意を払っていなかった．次の命題は，TTC アルゴリズムにより与えられる部屋より良い部屋を指差しても，その部屋は手に入れられないことを示している．

命題 5.2. 任意の個人 i と選好組 $\succsim$，そして $k \succ_i T_i(\succsim)$ を満たす任意の部屋 k について考える．このとき個人 i は，TTC アルゴリズムにおけるどのステップにおいても，k を指差すことによってこの部屋を得ることはできない．

---
[2] 強コア配分に関する詳細な解説は，例えば坂井・藤中・若山 (2008, 第 6 章) にある．やや難度の高いテーマであり，本書ではこれ以上触れない．

第 II 部　マッチング

証明. 個人 i が部屋 $T_i(\succsim)$ を得て退出したステップを $\bar{s}$ で表す．部屋 $T_i(\succsim)$ はステップ $\bar{s}$ の時点で残っていた部屋の中では，個人 i にとって最も望ましいものである．よって，部屋 k はそれより前のどこかのステップで誰かにより取られており，その部屋の持ち主であった k もそのステップで退出していることになる．つまり，個人 k は，あるステップ $s < \bar{s}$ でサイクルを形成し退出している．

ステップ s で個人 i が部屋 k を指差しても，そのサイクルに属する個人はサイクル内にいる個人の部屋を指差しているので，i は部屋 k を取ることができない．

では s より前のステップはどうだろうか．個人 k がステップ s で退出したということは，それまでのステップ $s' < s$ においては彼はサイクルを形成できなかったことになる．よって，ステップ $s' < s$ で彼が指さす先を辿っていくと

$$\underbrace{k \to j_1 \to j_2 \to \cdots \to j_q}_{\text{非サイクル部分}} \to \underbrace{j_{q+1} \to j_{q+2} \to \cdots \to j_{q+q'} \to j_{q+1}}_{\text{サイクル部分}} \tag{5.6}$$

のようにサイクルにつながっている．

まず，$\succsim$ のもとで，個人 i は k より後のステップで退出するので，i は明らかにこのサイクル部分には属していない．次に，個人 i は (5.6) の非サイクル部分にも属していないことを示していく．いま逆に，ある $h = 1, 2, \ldots, q$ について，$i = j_h$ だったとしよう．そして非サイクル部分の k から $i = j_h$ まで

$$k \to j_1 \to j_2 \to \cdots \to j_{h-1} \to i$$

に着目する．個人 i がステップ $\bar{s} > s'$ まで残っていたということは，部屋 i を指差す個人 j_{h-1} もステップ $\bar{s}$ まで残っていたことになる．そしてこれは，部屋 j_{h-1} を指差す個人 j_{h-2} もステップ $\bar{s}$ まで残っていたことを意味する．この議論を続けると，部屋 j_1 を指差す個人 k もステップ $\bar{s}$ まで残っていたことになる．しかしこれは，個人 k がステップ $s < \bar{s}$ で退出したという事実に矛盾する．

以上の議論より，個人 i は (5.6) におけるどの j_h でもないことがわかった．よって，個人 i がこのステップで部屋 k を指差しても，個人 i は k とサイクルを形成できないので，部屋 k を得るのは不可能である． □

ここで**配分ルール**を，各選好組 $\succsim$ に対して，1つの配分

$$F(\succsim) = (F_1(\succsim), \ldots, F_n(\succsim))$$

を与える関数として定義する．そして第 I 部と同様に，真の選好を申告することが誰にとっても常に最適であることを意味する，耐戦略性を以下に定める．

耐戦略性 個人 i，選好 $\succsim_i$，他者の選好組 $\succsim_{-i}$，選好 $\succsim'_i \neq \succsim_i$ について，これらが何であっても

$$F_i(\succsim_i, \succsim_{-i}) \succsim_i F_i(\succsim'_i, \succsim_{-i})$$

が成り立つ．

TTC アルゴリズムは，それぞれの選好組 $\succsim$ に対して 1 つの配分 $T(\succsim)$ を選ぶので，これにより定義される T は配分ルールである．命題 5.2 を用いると次の事実が得られる．

命題 5.3. TTC アルゴリズムにより定められる配分ルール T は耐戦略性を満たす．

5.6 新規住人への部屋の割り当て

ここでは部屋にまだ住人がおらず，新しく住人を迎える際の部屋の配分を，3人の個人と3つの部屋が存在するケースを用い考察していく．彼らの選好はい

第Ⅱ部　マッチング

ま次のように与えられるものとする．

$$\succsim_1: 1\ 2\ 3$$
$$\succsim_2: 1\ 3\ 2$$
$$\succsim_3: 3\ 2\ 1$$

　部屋にはまだ誰も住んでいないので，個人合理性については考える必要が無い．効率的な配分は，**優先順位**を用いれば容易に見付けることができる．ここで，優先順位とは，先に自分の好む部屋を選び取る権利のことを意味する．これから，記号 $i \succ_p j$ により，個人 i が個人 j より高い優先順位を持つことを表していく．いまの例においては，優先順位が $1 \succ_p 2 \succ_p 3$ であれば，最初に個人 1 が自分の最も好む部屋 1 を選び，次に個人 2 が残っている部屋の中で最も好む部屋 3 を選び，最後に個人 3 が残っている部屋 2 を選ぶことになる．こうして得られた配分

$$(1,3,2)$$

は，明らかに効率的である．

　しかし，このように恣意的に優先順位を付けると，当然ながら個人間の公平性は確保できない．そこで，優先順位を均等確率のくじで選ぶことにより，彼らを等しく扱うことが考えられる．このケースでは，優先順位は

$$1 \succ_p 2 \succ_p 3$$
$$1 \succ_p 3 \succ_p 2$$
$$2 \succ_p 1 \succ_p 3$$
$$2 \succ_p 3 \succ_p 1$$
$$3 \succ_p 1 \succ_p 2$$
$$3 \succ_p 2 \succ_p 1$$

の $3 \times 2 \times 1 = 6$ 通りが存在するので，これらをそれぞれ $\frac{1}{6}$ の確率で選ぶことになる．また，効率的な配分は

$$(1,2,3), (2,1,3), (1,3,2)$$

の3つが存在することは容易に確かめられる．さて，それぞれの優先順位のもとで選ばれる配分は以下のようになる．

- 優先順位が $1 \succ_p 2 \succ_p 3$ のとき，配分は $x = (1,3,2)$
- 優先順位が $1 \succ_p 3 \succ_p 2$ のとき，配分は $x = (1,2,3)$
- 優先順位が $2 \succ_p 1 \succ_p 3$ のとき，配分は $x = (2,1,3)$
- 優先順位が $2 \succ_p 3 \succ_p 1$ のとき，配分は $x = (2,1,3)$
- 優先順位が $3 \succ_p 1 \succ_p 2$ のとき，配分は $x = (1,2,3)$
- 優先順位が $3 \succ_p 2 \succ_p 1$ のとき，配分は $x = (2,1,3)$

つまり，どの優先順位が実現しても，効率的な配分が実現する．

均等確率優先順位ルールは，それぞれの優先順位に均等な確率を与え，そのもとでの配分を導くルールである．ここでは，各優先順位が $\frac{1}{6}$ の確率で選ばれる．そしていま，6個ある優先順位のうち，個人1が部屋1を得るのは3個，部屋2を得るのは3個，部屋3を得るのは0個である．よって，個人1が部屋1を得る確率は $\frac{3}{6}$，部屋2を得る確率は $\frac{3}{6}$，部屋3を得る確率は0である．このようにして，均等確率優先順位ルールのもとでの，個人 $i = 1, 2, 3$ が部屋 $h = 1, 2, 3$ を得る確率 p_{ih} を i 行 h 列に書き，3×3 の行列を作成すると (5.7) が得られる．

第II部　マッチング

$$P = \begin{pmatrix} \frac{3}{6} & \frac{3}{6} & 0 \\ \frac{3}{6} & \frac{2}{6} & \frac{1}{6} \\ 0 & \frac{1}{6} & \frac{5}{6} \end{pmatrix} \tag{5.7}$$

行列 P は，各行の和が 1 で，各列の和も 1 である．このように，どの行の和も，どの列の和も，いずれも 1 になる行列のことを，**二重確率行列**という．P は，均等確率優先順位ルールを，誰がどの部屋をどの確率で得るかの観点から表記したものである．

興味深いことに，P は以下のように，各行と各列に 1 が 1 つしかない，1 と 0 のみからなる行列の加重和としても表現できる．

$$P = \frac{2}{6} \cdot \begin{pmatrix} 1 & 0 & 0 \\ 0 & 1 & 0 \\ 0 & 0 & 1 \end{pmatrix} + \frac{1}{6} \cdot \begin{pmatrix} 1 & 0 & 0 \\ 0 & 0 & 1 \\ 0 & 1 & 0 \end{pmatrix} + \frac{3}{6} \cdot \begin{pmatrix} 0 & 1 & 0 \\ 1 & 0 & 0 \\ 0 & 0 & 1 \end{pmatrix} \tag{5.8}$$

この分解はきわめて明瞭に解釈できる．例えば，最初のパート

$$\frac{2}{6} \cdot \begin{pmatrix} 1 & 0 & 0 \\ 0 & 1 & 0 \\ 0 & 0 & 1 \end{pmatrix}$$

は，$\frac{2}{6}$ の確率で「個人 1 が部屋 1 に，個人 2 が部屋 2 に，個人 3 が部屋 3 に割り当てられる」と読める．他のパートの読み方も同様である．つまり，$\succsim$ のもとで，均等確率優先順位ルールは，式 (5.8) にある 3 つの行列により表される 3 種類の確定的な配分を，それぞれ $\frac{2}{6}, \frac{1}{6}, \frac{3}{6}$ の確率で選び取っているものとして理解できる．

一般に，どのような二重確率行列も，式(5.8)と同じように，各行と各列に1が1つずつしかない，1と0のみからなる行列の加重和として表すことができる[3]．そして，そのような個々の行列は1つの確定的な配分として解釈できる．つまり，二重確率行列を導く（確率的な）配分ルールは事実上，それぞれの選好組に対して，いくつかの（確定的な）配分をくじびきで選んでいるものとして理解できる．

均等確率優先順位ルールと，前節までで学んだTTCアルゴリズムとは，どのような関係にあるのだろうか．いま，等しい確率でランダムに初期保有を割り当てて，そのもとでTTCアルゴリズムを適用する配分ルールを，これまでと同じ例を用い考えてみよう．個人の数と財の数がともに3のとき，初期保有の割り当て方は6通り存在し，それぞれのもとでTTCアルゴリズムを適用して得られる最終的な配分は以下によりまとめられる．

- 初期保有 $\omega = (1,2,3)$ にTTCアルゴリズムを適用すると，配分は $x = (1,2,3)$

- 初期保有 $\omega = (1,3,2)$ にTTCアルゴリズムを適用すると，配分は $x = (1,3,2)$

- 初期保有 $\omega = (2,1,3)$ にTTCアルゴリズムを適用すると，配分は $x = (2,1,3)$

- 初期保有 $\omega = (2,3,1)$ にTTCアルゴリズムを適用すると，配分は $x = (2,1,3)$

- 初期保有 $\omega = (3,1,2)$ にTTCアルゴリズムを適用すると，配分は $x = (2,1,3)$

---

[3]バーコフ＝フォン・ノイマンの定理という．

- 初期保有 $\omega = (3,2,1)$ に TTC アルゴリズムを適用すると，配分は $x = (1,2,3)$

ここで，6個ある初期保有の割り当て方のうち，個人1が部屋1を得るのは3個，部屋2を得るのは3個，部屋3を得るのは0個である．各初期保有は均等な確率，すなわち $\frac{1}{6}$ の確率で選ばれるから，個人1が部屋1を得る確率は $\frac{3}{6}$，部屋2を得る確率は $\frac{3}{6}$，部屋3を得る確率は0である．これは，均等確率優先順位ルールのもとでの結果と同じである．実際，同様にして，個人 $i = 1,2,3$ が部屋 $h = 1,2,3$ を得る確率 p_{ih} を i 行 h 列に書き，3×3 の行列を作成すると，(5.7) が得られる．つまり，均等確率で初期保有を選び TTC アルゴリズムを適用する配分ルールと，均等確率優先順位ルールは，実質的に等しい配分ルールである．

5.7 既存住人と新規住人による部屋の割り当て

ここでは既存の住人と新規の住人がともに部屋の配分に関わる状況を考える．個人 $1, 2, 3, 4$ を既存の住人と考え，各 $i = 1, 2, 3, 4$ は部屋 i に住んでいるものとする．部屋 $5, 6, 7$ は空き部屋である．ここに，新たな住人 $5, 6, 7$ が入ってきた状況を考える．ここでの最も単純な部屋の配分方法は，住人 $5, 6, 7$ に対し，部屋 $5, 6, 7$ を，何らかの優先順位に従い順に選ばせることである．優先順位の決め方は任意であり，例えば前節のように均等確率で選んでもよいし，あるいは申請順などの他の基準で選んでも構わない．

ここでは $5 \succ_p 6 \succ_p 7$ を優先順位としよう．選好は第 5.2 節と同じく

$\succsim_1$: 5 6 7 1 2 3 4

$\succsim_2$: 3 4 5 6 7 1 2

$\succsim_3$: 4 5 2 7 1 3 6

$\succsim_4$: 1 2 3 4 5 6 7

$\succsim_5$: 4 5 2 3 6 7 1

$\succsim_6$: 7 1 2 3 4 5 6

$\succsim_7$: 1 7 4 5 6 3 2

とする．このとき配分は

$$x = (1, 2, 3, 4, 5, 7, 6)$$

となる．しかし，この配分は効率的でない．例えば，個人 1, 4, 5 たちが現在の $(x_1, x_4, x_5) = (1, 4, 5)$ を，$(y_1, y_4, y_5) = (5, 1, 4)$ となるよう交換すれば，彼ら全員の状態が改善されることになる．この例は，新たな住人のみならず，既存の住人も交えて部屋の全体的な再配分を行った方が，効率性の向上につながることを意味している．ただし，そのための配分ルール設計においては，既存の住人には，いま住んでいる部屋よりいやな部屋には移動させないということを，満たすべき条件として考える．すなわち，既存住人への個人合理性を尊重しようというわけである．

これから TTC アルゴリズムを，個人が部屋を指差すのみならず，部屋も個人を指差すように修正していく．まず，あらゆる空き部屋は選好

$\succsim_h$: 5 6 7 1 2 3 4

第II部　マッチング

を持つものとして扱う．ただし，これはどのような選好であっても構わない．空き部屋は最初は $5, 6, 7$ のみであるが，アルゴリズムの途中で住人を失った部屋も空き部屋として扱われるようになる．既に住人がいる部屋 $1, 2, 3, 4$ は，その住人がいる限りは，その住人を指差し続けるものとする．

ステップ1では

$$1 \to H(5) \to 5 \to H(4) \to 4 \to H(1) \to 1$$

という1つのサイクルができている．なお，この指差しサイクルの表記では，部屋を個人と区別するため，$H(j)$ により部屋 j を表している．空き部屋である $H(5)$ は $\succsim_h$ に従い指差しを行い，$H(4)$ と $H(1)$ はそれぞれ既存の住人を指差していることに注意されたい．ここで，個人1は部屋5を，個人5は部屋4を，個人4は部屋1を得て，この場から退出する．

ステップ2では，残っている個人 $2, 3, 6, 7$ が，残っている部屋 $2, 3, 6, 7$ の中で，最も好む部屋に指を差す．残っている部屋への選好は

$$\succsim_2: 3\ 6\ 7\ 2$$
$$\succsim_3: 2\ 7\ 3\ 6$$
$$\succsim_6: 7\ 2\ 3\ 6$$
$$\succsim_7: 7\ 6\ 3\ 2$$

であり，部屋6と7の選好

$$\succsim_h: 6\ 7\ 2\ 3$$

より

$$2 \to H(3) \to 3 \to H(2) \to 2$$
$$6 \to H(7) \to 6$$

98

という2つのサイクルができている．よって，個人2は部屋3を，個人3は部屋2を得てこの場から退出する．また，個人6は部屋7を得てこの場から退出する．

ステップ3では

$$\succsim_7: 6$$
$$\succsim_h: 7$$

より

$$7 \to H(6) \to 7$$

という1つのサイクルができている．よって，個人7は部屋6を得てこの場から退出する．

この場からは誰もいなくなり，プロセスは終了する．最終的に，以下の部屋配分が行われたことになる．

$$x = (5, 3, 2, 1, 4, 7, 6)$$

この配分が$\succsim$のもとで効率的であることは，例5.1と同様の方法で確かめることができる．また，こうして拡張されたTTCアルゴリズムにより定められる配分ルールが耐戦略性を満たすことを，命題5.2と同様にして示すことができる．

5.8 まとめ

初期保有が定まっているケースにおいては，TTCアルゴリズムがきわめて優れたパフォーマンスを示す．そして，初期保有が定まっていないケースにおいて標準的な手段と思われる均等確率優先順位ルールは，ランダムに初期保有を割り当てた後にTTCアルゴリズムを用いる方法と，実質的に等しい．初期保有が部分的にしか定まっていないケースにおいても，TTCアルゴリズムはその優れた性質を保持したまま，うまく拡張することができる．

第II部　マッチング

文献補足

本章で扱う交換問題は，Shapley and Scarf (1974) により最初に分析された．TTCアルゴリズムはデヴィッド・ゲールにより考案されたもので，Shapley and Scarf (1974) に掲載された．第5.4節で触れたように，TTCアルゴリズムが導く配分は，個人合理的かつ効率的であるのみならず，強コア配分という，グループによる逸脱が起こらない唯一の配分であることが知られている (Shapley and Scarf, 1974; Roth and Postlewaite, 1977)．命題5.3で論じられた，配分ルール T が耐戦略性を満たすことは，Roth (1982a) により示された．第5.6節と第5.7節の議論は，それぞれ Abdulkadiroglu and Sönmez (1998, 1999) に基づく．

第6章　腎臓マッチングとペア交換

6.1　はじめに

　第5章で扱った部屋の配分問題は，財の読み方を変えることで，腎臓マッチング問題として考えることができる．ここでの個人とは，腎臓病を患っており，移植が必要な患者のことである．そして各患者は，その人に自分の腎臓を片方あげても良いと考えているドナー（例えば配偶者や血縁者など）を1人持っている．このドナーが，第5章でいう初期保有の部屋に相当する．ただし，その患者は自身のドナーと，血液型非適合などの理由により，移植を行えないものとする．つまり，腎臓をもらいたい患者とあげたいドナーが存在するのに，移植はできないわけである．しかし，そのようなドナーを持つ患者が複数存在するときには，TTC アルゴリズムに基づき互いのドナーを取引することにより，患者間におけるドナーの効率的な配分を実現することができる．なお，このような手法が必要なのは，日本を含むほぼ全ての国においては，臓器の金銭売買が禁止されているからである．

　しかし，TTC アルゴリズムに基づくドナー（の腎臓）の取引には実行上の問題が発生する．例えばいま，TTC アルゴリズムを用いて，患者 $1, 2, \ldots, n$ の間で，患者1が患者2のドナーをもらい，患者2が患者3のドナーをもらい $\cdots$，患者 n が患者1のドナーをもらい，といったサイクルが得られたとする．そして最初に，患者2が患者3のドナーから腎臓をもらう移植手術が終わったとしよう．このとき，患者2のドナーが突如，「やはり患者1に腎臓をあげたくない」

第Ⅱ部　マッチング

と拒否した場合，彼を無理やり手術室に連れ込んで移植手術を強行することは現実的でない．そして，これにより患者1が患者2のドナーをもらえなくなったとしたら，移植のサイクルは崩れてしまい，他の移植がどれも行われなくなってしまう．こうしたトラブルを回避する1つのシンプルな手段は，全ての移植手術を同時並行的に行うことである．

　しかしながら，同時並行的に全ての移植手術を行うということは，n人の患者とn人のドナーに対する手術を同時に行うことを意味する．そのためには，少なくとも$n+n=2n$人の執刀医とその助手たち，および$2n$個の手術設備が，同時に揃っていなければならないことになる．これは大変厳しい条件であり，実際上は，最小限のドナー取引となるペア交換を考えることが最も現実的ということになる．本章では腎臓マッチングを念頭に置き，ペア交換の理論を簡単な例を用い考察していく[1]．

6.2　ドナーの交換

　自分と適合しないドナーを持つ5人の患者間でのドナー交換問題を考える．各患者は，それぞれのドナーに対し，腎臓が適合するかしないかの，いずれかの評価しか行わないものとする．患者iがjのドナーと適合し，かつ患者jがiのドナーと適合するとき，iとjの間でドナーの交換は可能となる．こうした交換可能性は，次の5行5列のマトリックスで表すことができる．このマトリックスにおいては，患者iとjでドナー交換が可能なときi行j列にプラス記号を，可能でないときにはマイナス記号が書かれている．定義上，i行j列とj行i列には同じ記号が書かれている．また，各患者iは自身のドナーと適合しな

---

[1]ただし，腎臓マッチングと言ったときに，ペア交換のみを考えることは適切でない．上の例では，患者1に脳死患者からの移植に優先権を与えるなどして，移植のサイクルを維持することも考えられる．つまり，ペア交換は重要な分析対象であるが，ペア交換という制約をどのようにして超えるかも，腎臓マッチングを考察する際には重要なテーマである．

ので，i 行 i 列にはマイナス記号がある．

$$\begin{array}{c} & \begin{array}{ccccc} 1 & 2 & 3 & 4 & 5 \end{array} \\ \begin{array}{c} 1 \\ 2 \\ 3 \\ 4 \\ 5 \end{array} & \left(\begin{array}{ccccc} - & + & + & - & - \\ + & - & + & + & - \\ + & + & - & - & - \\ - & + & - & - & + \\ - & - & - & + & - \end{array} \right) \end{array} \qquad (6.1)$$

ここで，i と j が互いにドナーを交換することを $i \leftrightarrow j$ で表すと，可能なドナー交換は

$$1 \leftrightarrow 2$$
$$1 \leftrightarrow 3$$
$$2 \leftrightarrow 3$$
$$2 \leftrightarrow 4$$
$$4 \leftrightarrow 5$$

である．当然ながら，1人の患者は1つの交換しか行えない．例えば $1 \leftrightarrow 3$ と $2 \leftrightarrow 3$ を共に実行することはできない．この意味において，実行可能な交換の

第Ⅱ部　マッチング

組み合わせのことを**マッチング**と呼ぶ．マッチングを全てリストアップすると

$$(1 \leftrightarrow 2)$$
$$(1 \leftrightarrow 3)$$
$$(2 \leftrightarrow 3)$$
$$(2 \leftrightarrow 4)$$
$$(4 \leftrightarrow 5)$$
$$(1 \leftrightarrow 2, 4 \leftrightarrow 5)$$
$$(1 \leftrightarrow 3, 2 \leftrightarrow 4)$$
$$(1 \leftrightarrow 3, 4 \leftrightarrow 5)$$
$$(2 \leftrightarrow 3, 4 \leftrightarrow 5) \tag{6.2}$$

である．例えば，$(1 \leftrightarrow 2)$ は，患者1と2がドナーを交換するマッチング，$(1 \leftrightarrow 2, 4 \leftrightarrow 5)$ は患者1と2，患者4と5がドナーを交換するマッチングである．表記を簡略化するため，しばしばマッチングを $x = (1 \leftrightarrow 2, 4 \leftrightarrow 5)$ のように表す．

あるマッチング x が別のマッチング y を**パレート改善**するとは，y で交換を行う全ての個人は x でも交換を行うことができ，かつ x における交換数が y における交換数よりも多いことである．マッチング x について，x をパレート改善するマッチングが1つも存在しないとき，x を**効率的**であるという．例えば，マッチング $(1 \leftrightarrow 2, 4 \leftrightarrow 5)$ は，以下3つのマッチング

$$(1 \leftrightarrow 2), (2 \leftrightarrow 4), (4 \leftrightarrow 5)$$

をいずれもパレート改善する．また，この例では，効率的なマッチングは

$$(1 \leftrightarrow 2,\ 4 \leftrightarrow 5)$$
$$(1 \leftrightarrow 3,\ 2 \leftrightarrow 4)$$
$$(1 \leftrightarrow 3,\ 4 \leftrightarrow 5)$$
$$(2 \leftrightarrow 3,\ 4 \leftrightarrow 5)$$

の4つである．興味深いことに，これらのどのマッチングも，同数（ここでは2）の交換を含んでいる．

6.3　効率的マッチングのもとでの交換数

　第6.2節の例では患者の数が$n=5$と少ないので，全てのマッチングをリストアップすることで，効率的マッチングを容易に見付けることができた．しかし患者の数が多いと，そのようなリストアップは面倒である．このときは，優先順位を用いて，効率的マッチングを見付けることが考えられる．例えばいま，移植の緊急性や，移植を希望してからの待機時間，あるいはくじびきなどにより，患者の間で優先順位が付けられているものとしよう．これまでと同じく$n=5$の例を用い，優先順位を

$$1 \succ_p 2 \succ_p 3 \succ_p 4 \succ_p 5$$

により表す．

　まず，(6.2)にあるマッチングの中から，患者1が交換に含まれていないもの

第II部 マッチング

を消去する．

$$(1 \leftrightarrow 2)$$
$$(1 \leftrightarrow 3)$$
$$(1 \leftrightarrow 2, 4 \leftrightarrow 5)$$
$$(1 \leftrightarrow 3, 2 \leftrightarrow 4)$$
$$(1 \leftrightarrow 3, 4 \leftrightarrow 5)$$

次に，患者2が交換に含まれていないものを消去すると

$$(1 \leftrightarrow 2)$$
$$(1 \leftrightarrow 2, 4 \leftrightarrow 5)$$
$$(1 \leftrightarrow 3, 2 \leftrightarrow 4)$$

が残る．そして，患者3が交換に含まれていないものを消去すると

$$(1 \leftrightarrow 3, 2 \leftrightarrow 4)$$

が残る．このマッチングは，優先順位の低い患者である5は交換に参加できない効率的マッチングである．このように，優先順位を尊重することで，効率的マッチングは見付けることができる．そして，いまの例では，どの効率的マッチングも等しい交換数を有しているので，この優先順位を採用したことで全体の交換数は減っていない．

次の命題は，この例に限らず一般に，ペア交換においては全ての効率的マッチングが等しい交換数を持つことを示している．これは意外な結果である．例えばいま，緊急性が高い患者iを優先して移植させたいとしよう．しかし，もしかすると，患者iに適合するドナーは1人だけで，かつそのドナーは他の多くの患者と適合する者かもしれない．であれば，患者iにそのドナーを優先的に

与えることで，玉突き的に他の可能な交換が妨げられ，全体として少ない交換しか行われなくなるかもしれない．しかし，この命題は，そのような患者 i を優先して効率的マッチングを見付けたとしても，全体の交換数は減らないで済むことを保証している．その意味で，誰かを優先したいという目標と，なるだけ多くのドナー交換を実現したいという目標は，両立可能である．

命題 6.1. ペア交換において，全ての効率的マッチングは等しい交換数を持つ．

証明．いま逆に，ある効率的マッチング x, y が存在して，x における交換数が，y における交換数より多いものとしよう．x のもとでも y のもとでも選ばれる交換の集まりを r で表す．すると x は，y との共通部分とそうでない部分の組み合わせとして，$x = (r, s)$ のように書ける．同じく y も，x との共通部分とそうでない部分の組み合わせとして，$y = (r, t)$ のように書ける．例えば

$$x = (1 \leftrightarrow 2,\ 3 \leftrightarrow 4,\ 5 \leftrightarrow 6,\ 7 \leftrightarrow 8),\ y = (3 \leftrightarrow 4,\ 5 \leftrightarrow 7)$$

であれば

$$r = (3 \leftrightarrow 4),\ s = (1 \leftrightarrow 2,\ 5 \leftrightarrow 6,\ 7 \leftrightarrow 8),\ t = (5 \leftrightarrow 7)$$

となる．

以後，s の含む交換数が 3，t の含む交換数が 2 である例に対して証明を与える．この例は代表的であり，そこでの証明のアイデアを，一般のケースに適用することはさほど難しくない．いま，s と t をそれぞれ

$$s = (i_1 \leftrightarrow i_2,\ i_3 \leftrightarrow i_4,\ i_5 \leftrightarrow i_6)$$
$$t = (j_1 \leftrightarrow j_2,\ j_3 \leftrightarrow j_4) \tag{6.3}$$

により表す．なお，y は効率的であるという前提なので，これをパレート改善する別のマッチングが見付かれば，それは矛盾となることに注意されたい．

i_1, i_2 のうち少なくともどちらか1人は，j_1, j_2, j_3, j_4 の誰かのはずである．というのは，もし i_1, i_2 の両名とも j_1, j_2, j_3, j_4 の誰でもないとすれば，y に更なる交換 $(i_1 \leftrightarrow i_2)$ を付け加えることができ，そうして得られたマッチング

$$(y, \ i_1 \leftrightarrow i_2) = (r, \ t, \ i_1 \leftrightarrow i_2)$$

が，$y = (r, t)$ をパレート改善することになり矛盾だからである．同様のロジックにより，i_3, i_4 のうち少なくともどちらか1人は j_1, j_2, j_3, j_4 の誰かであるし，i_5, i_6 のうち少なくともどちらか1人は j_1, j_2, j_3, j_4 の誰かである．一般性を失うことなく，それら個人を i_1, i_3, i_5 としよう．彼らは j_1, j_2, j_3, j_4 らのうちの誰か3人ということなので，彼らのうち2人は t でペアを組んでいることになる．よって，一般性を失うことなく

$$i_1 = j_1, \ i_3 = j_2, \ i_5 = j_3 \tag{6.4}$$

とする．いま，(6.3) は

$$\begin{aligned} s &= (i_1 \leftrightarrow i_2, \ i_3 \leftrightarrow i_4, \ i_5 \leftrightarrow i_6) \\ t &= (i_1 \leftrightarrow i_3, \ i_5 \leftrightarrow j_4) \end{aligned} \tag{6.5}$$

と書ける．

(6.4) より，$j_4 \neq i_1, i_3$ である．これから $j_4 \neq i_2, i_4$ を示す．もし $j_4 = i_2$ であれば，(6.5) より

$$t = (i_1 \leftrightarrow i_3, \ i_5 \leftrightarrow i_2)$$

が得られ，x が y をパレート改善することになり矛盾である．もし $j_4 = i_4$ であれば，(6.5) より

$$t = (i_1 \leftrightarrow i_3, \ i_5 \leftrightarrow i_4)$$

が得られ，x が y をパレート改善することになり矛盾である．よって $j_4 \neq i_2, i_4$ でなければならない．

　以上の議論より，$j_4 \neq i_1, i_2, i_3, i_4$ である．さて，(6.5) を見ると，i_5 と j_4 はドナー交換可能である．すると

$$u = (i_1 \leftrightarrow i_2,\ i_3 \leftrightarrow i_4,\ i_5 \leftrightarrow j_4)$$

を考えることができ，マッチング (r, u) が $y = (r, t)$ をパレート改善することになり矛盾である． □

6.4　まとめ

　ペア交換においては，効率的なマッチングはどれを選んでも交換数が等しい．よってどの効率的マッチングを選択するかという問題を考えるときには，交換数の差を気にしなくてよいということになる．つまり，移植の緊急性や，移植を待っている時間の長さなど，交換数以外の要素に重点を置いてマッチングを選び取ることで，多くの移植を実現するという目標の達成は阻害されない．

文献補足

　Roth, Sönmez, and Ünver (2004) は，腎臓移植のためのドナー交換を，マッチング理論の枠組みで扱った最初の研究である．ただし彼らは同時並行的な手術の数に制限を設けておらず，TTC アルゴリズムのアイデアに基づく議論を行っていた．ペア交換に限って議論を進めるアプローチは，彼ら自身による後続研究 Roth, Sönmez, and Ünver (2005) により展開されており，本章の議論はこの論文の一部に基づいている．彼らのホームページには腎臓マッチングおよびその実施状況を扱う文献が多く載せられているので，関心のある者はそれら

を参照されたい.このテーマに関する日本語で書かれた文献には高宮 (2008) がある.

第7章　一対一マッチング

7.1　はじめに

これまでの章では，設定や目的は異なれど，いずれも物を人間に配分する問題を考えてきた．本章では，1人の人間を1人の人間に割り当てるマッチング問題を考える．そこでは各人は，他者に対して選好を持つとともに，他者から選好の対象となるものとして扱われる．

一対一マッチングは，**結婚マッチング**とも呼ばれる．男女はともにヘテロセクシャルであり，男性は女性に選好を持つ一方，女性は男性に対して選好を持つものと仮定される．ただしここでの「男女」や「結婚」は，理解しやすいストーリーを与えるための，どちらかと言えば便宜上のものである．一対一マッチングは，人と人，あるいは人と学校や勤務先などの組み合わせを考えるための基本的な枠組みであり，ここで得られる成果の多くは，第8章で扱う一対多マッチングにおいても成り立つ．そして実際の応用においては，一対多マッチングの枠組みが用いられることが多い．

結婚マッチングにおける課題は，複数存在する男性と女性をうまく組み合わせて，望ましいマッチングを実現することである．望ましさの基準として，私たちは**安定性**という概念を用いる．複数の男女の組み合わせからなるマッチングが安定性を満たすとは，ラフに言うと，破局や浮気が起こらないことを意味する．安定マッチングを実現するためにきわめてうまく働くのが，デヴィッド・ゲールとロイド・シャプレーにより考案された**ディファード・アクセプタンス・アルゴリ**

ズム（**DA アルゴリズム**）である．略称にある DA とは「deferred acceptance」の頭文字であり，これは「受入保留」と訳される．何がどう受入保留なのかは，これから展開していく議論で自ずと明らかになっていくだろう．

7.2　モデル

「結婚マッチング」とは言うものの，結婚より，合コンの方がストーリーに馴染むと思われるので，そのように話を展開する．いま，ある合コンに男性が M 人，女性が W 人参加している．それぞれの男性を $m = 1, \ldots, M$ により，女性を $w = M+1, \ldots, M+W$ により表す．特に男女を区別する必要が無いときには，$i = 1, \ldots, M+W$ で個人を表す．各個人 i はヘテロセクシャルであり，男性であれば女性に対して，女性であれば男性に対して，選好 $\succsim_i$ を持っている．例えばいま $M = 3$ かつ $W = 4$ として (つまり男性が $m = 1, 2, 3$, 女性が $w = 4, 5, 6, 7$), 男性1の選好が

$$\succsim_1 : 4\ 5\ 7\ \emptyset\ 6$$

であるとしよう．ここで，記号 $\emptyset$ は「独りでいること」を意味する．これは，男性1にとっては，女性6とカップルになることは「独りでいるよりイヤ」であることを意味している．

私たちの役割は，第三者として，合コンの最終段階で「誰と誰をカップルにします」と決定することである．いま，そのために必要な情報として，合コン参加者から選好組

$$\succsim = (\succsim_1, \ldots, \succsim_M, \succsim_{M+1}, \ldots, \succsim_{M+W})$$

を聞き出したものとする．

- 男性 m がカップルになる相手を $\mu(m)$ で表す．ただし，この「相手」$\mu(m)$ は，女性 w の誰かであるか，独りを意味する $\emptyset$ であるものとする．つまり $\mu(m) = \emptyset$ のとき，m は誰ともカップル成立しない．

- 女性 w がカップルになる相手を $\mu(w)$ で表す．ただし，この「相手」$\mu(w)$ は，男性 m の誰かであるか，独りを意味する $\emptyset$ であるものとする．つまり $\mu(w) = \emptyset$ のとき，w は誰ともカップル成立しない．

- 1 人が複数人とカップルにならないようにする．例えば $\mu(1) = \mu(2) = 4$ は，女性 4 が，男性 1 と 2 の両名とカップルになることを意味するが，そのようなことは行わない．

- 男性 m が女性 w とカップルになるのは，女性 w が男性 m とカップルになるとき，そしてそのときのみとする．つまり $\mu(m) = w$ と $\mu(w) = m$ は同じ事実を意味する．これは論理的に当然成り立つべき条件である．

以上の条件を満たす

$$\mu = (\mu(1), \ldots, \mu(M), \mu(M+1), \ldots, \mu(M+W))$$

のことを**マッチング**という．私たちの目的は，何らかの意味で優れたマッチングを見付けることである．

　マッチングの決定においては，誰かを「独りでいるよりイヤ」な相手と組み合わせることは避けねばならない．そのような相手と組み合わせても拒否されては意味が無いし，またカップルになることを強制することはできないからだ．よって，マッチング μ は以下の条件を満たすべきであると考えられる．

個人合理性　マッチング μ が $\succsim$ のもとで個人合理的であるとは，$\mu(i) \succsim_i \emptyset$ が全ての個人 i について成り立つことである．

個人合理性を満たすマッチングは多数存在するが，その中で最もつまらないものは「誰もが独り」になる，つまり全ての i について $\mu(i) = \emptyset$ となるマッチングである．

より多くのカップル成立を目指すべく，これから安定性と呼ばれる概念を導入していく．いまマッチング μ のもとで，男女のペア (m, w) について

$$w \succ_m \mu(m) \quad \text{かつ} \quad m \succ_w \mu(w)$$

が成り立つものとしよう．これは男性 m が「w を $\mu(m)$ より好き」であり，かつ女性 w が「m を $\mu(w)$ より好き」であることを意味する．とすれば，m, w は μ に従わず，2人でカップルになることが考えられる．このとき $\succsim$ のもとで (m, w) は μ をブロックするという．

安定性 マッチング μ が $\succsim$ のもとで安定的であるとは，以下の2条件が $\succsim$ のもとで成り立つことである．
(s-i) μ が個人合理的である．
(s-ii) どのような (m, w) によっても μ はブロックされない．

効率性の条件は，これまでの章と同じく次のように定義できる．

効率性 マッチング μ が $\succsim$ のもとで効率的であるとは，次の2条件をともに満たすマッチング μ' が存在しないことである．
(e-i) 全ての $i = 1, \ldots, M + W$ について，$\mu'(i) \succsim_i \mu(i)$．
(e-ii) 少なくとも1人の $j = 1, \ldots, M + W$ について，$\mu'(j) \succ_j \mu(j)$．

次の命題は安定性が効率性よりも強い条件であることを示している．

命題 7.1. 安定マッチングは必ず効率的マッチングである．つまり $\succsim$ のもとで，マッチング μ が安定的ならば，それは効率的である．

証明. $\succsim$ のもとで安定的なマッチング μ について考える．どのような μ' も (e-i) と (e-ii) を同時に満たせないことを示せばよい．そのためにいま，μ' が (e-ii) を満たすとしよう．つまり，ある $j = 1, \ldots, M + W$ について

$$\mu'(j) \succ_j \mu(j) \tag{7.1}$$

が成り立つとする．この j は，男性か女性のいずれかであるが，どちらであっても同じように示せるので，ここでは男性としよう．

μ は安定マッチングなので，(s-i) より $\mu(j) \succsim_j \emptyset$ である．よって (7.1) と合わせると

$$\mu'(j) \succ_j \mu(j) \succsim_j \emptyset$$

であり，これは $\mu'(j)$ が $\emptyset$ でなく，誰か女性であることを意味する．この女性を $i = \mu'(j)$ で表すと，マッチングの定義より $\mu'(i) = j$ である．

当然ながら，(7.1) は，j が μ のもとでは i とカップルになっていなかったことを意味するので

$$\mu(i) \neq j \tag{7.2}$$

である．

μ は安定マッチングなので，$i \succ_j \mu(j)$ ということは，(s-ii) より

$$j \succ_i \mu(i)$$

ではないということである．よって

$$\mu(i) \succsim_i j$$

が成り立つが，更に (7.2) より

$$\mu(i) \succ_i j$$

第Ⅱ部 マッチング

であることがわかる．定義より $j = \mu'(i)$ なので

$$\mu(i) \succ_i \mu'(i)$$

となり，μ' は (e-i) を満たさないことが示された．

以上の議論より，どのような μ' も (e-1) と (e-ii) の両方を同時に満たすことはできないことがわかった．よって μ は $\succsim$ のもとで効率的である． □

7.3　DA アルゴリズム

DA アルゴリズムの定義とその性質を，これから具体的な例に基づき説明していく．人数が $M=3$ かつ $W=4$ のとき，つまり男性 3 人と女性 4 人が合コンに参加している状況を考える．男性が $m=1,2,3$，女性が $w=4,5,6,7$ である．いま彼らの選好は以下であるものとする．

$$\succsim_1: 4\ 5\ 7\ \emptyset\ 6 \qquad \succsim_4: 3\ 2\ 1\ \emptyset$$
$$\succsim_2: 5\ 6\ 4\ \emptyset\ 7 \qquad \succsim_5: 3\ 1\ 2\ \emptyset$$
$$\succsim_3: 4\ 7\ \emptyset\ 6\ 5 \qquad \succsim_6: 3\ 1\ \emptyset\ 2$$
$$\succsim_7: 1\ 2\ \emptyset\ 3$$

効率的なマッチングを見付けることは容易である．例えば，名前の番号順に男性が，好きな女性を選び取っていく方法を考えてみよう．ここでは，まず男性 1 が女性 4 を選び，男性 2 が女性 5 を選び，男性 3 が女性 7 を選ぶというマッチングがそれにあたる．このマッチングは，女性側にとっては迷惑ではあるものの，効率性の条件を満たす．しかし，$\emptyset \succ_7 3$ なので，このマッチングは個人合理性の条件 (s-i) を満たさない．また

$$4 \succ_3 7 \text{ かつ } 3 \succ_4 1$$

であり，男女のペア (3,4) がこのマッチングをブロックできるので，(s-ii) も満たさない．つまり安定性とは程遠い．

安定的なマッチングが存在するか否かは自明な問題ではない．しかしながら，安定的なマッチングは単に存在するばかりか，それを具体的に見付けるアルゴリズムまで存在する．それが **DA** アルゴリズムである．DA アルゴリズムには，**男性側 DA アルゴリズム**と**女性側 DA アルゴリズム**の 2 通りが存在する．それらはどちらが「プロポーズする側」になるかという役割が異なるだけで，構造自体は同一である[1]．まず，男性がプロポーズ側になる，男性側 DA アルゴリズムについて見ていこう．

男性側 DA アルゴリズム（やや冗長な記述）

ステップ **1** 男性 1 が 1 番好きな女性である 4 にプロポーズする．彼女にとってこの男は「独りでいるよりまし」なのでキープしておく．今後，その時点における「キープ関係」をハートマーク ♡ を用い以下のように表す．

$$(1♡4)$$

ステップ **2** 男性 2 が 1 番好きな女性である 5 にプロポーズする．彼女にとってこの男は「独りでいるよりまし」なのでキープしておく．

$$(1♡4), (2♡5)$$

ステップ **3** 男性 3 が 1 番好きな女性である 4 にプロポーズする．彼女は男性 3 と現在キープ中の男性 1 を比べるが，男性 3 の方が望ましいので，男性 1

---

[1]「プロポーズ」という言葉を用いているが，「交際を申し込む」や「とりあえず今度，2 人だけで遊びに行きませんか」程度の意味である．「プロポーズ」の方が字面と音が軽いのでそのようにした．

第Ⅱ部　マッチング

を振って男性 3 を新たにキープする．

$$(3\heartsuit 4), (2\heartsuit 5)$$

ステップ 4　男性 1 は振られてない中で 1 番好きな女性である 5 にプロポーズする．彼女は男性 1 と現在キープ中の男性 2 を比べるが，男性 1 の方が望ましいので，男性 2 を振って男性 1 を新たにキープする．

$$(3\heartsuit 4), (1\heartsuit 5)$$

ステップ 5　男性 2 は振られてない中で 1 番好きな女性である 6 にプロポーズする．彼女に現在キープ中の男性はいないが，そもそも男性 2 は「独りでいるよりイヤ」な相手なので，男性 2 を振る．

$$(3\heartsuit 4), (1\heartsuit 5)$$

ステップ 6　男性 2 は振られてない中で 1 番好きな女性である 4 にプロポーズする．彼女は男性 2 と現在キープ中の男性 3 を比べるが，男性 3 の方がベターなので，男性 2 を振って男性 3 をキープし続ける．

$$(3\heartsuit 4), (1\heartsuit 5)$$

プロセスの終了　男性 2 にとって，これまで振られていない女性は 7 だけであるが，彼にとって彼女は「独りでいるよりイヤ」な相手なので，プロポーズは行わない．その他の男性は皆，誰か女性にキープされており，これ以上プロポーズを行う者はいない．ここで男性側 DA アルゴリズムは停止し，この時点でのキープ状況

$$(3\heartsuit 4), (1\heartsuit 5)$$

をカップルとして決定する．カップルにならなかった男性 2 および女性 6 と 7 は独りとなることが確定する．こうして男性側 DA アルゴリズムにより得られたマッチング μ は

$$\mu(1) = 5,\ \mu(5) = 1,\ \mu(3) = 4,\ \mu(4) = 3,$$
$$\mu(2) = \emptyset,\ \mu(6) = \emptyset,\ \mu(7) = \emptyset$$

である． □

いまの例に限らず，DA アルゴリズムの解説においては「プロポーズ」や「キープ」や「振る」などの行為を描写に用いるが，これはあくまで説明を直観的にするためであり，実際にそのようなことを生身の人間がする必要は無い．各人は選好を紙に書いて提出し，誰かがこのアルゴリズムを用いてマッチングを見付ければ十分である．他人に選好を知られるのが嫌なら，DA アルゴリズムをプログラムしたコンピュータに，各人が選好を入力すればよい．

命題 7.2. いまの例において，男性側 DA アルゴリズムにより得られたマッチング μ は $\succsim$ のもとで安定的である．

証明． このマッチング μ が $\succsim$ のもとで個人合理的であることは容易に確かめられる．これから，どのような (m, w) も μ をブロックできないことを示していく．さて，(m, w) が μ をブロックするとは

$$w \succ_m \mu(m) \quad \text{かつ} \quad m \succ_w \mu(w)$$

が成り立つことであった．男女のペアが，共同で「今の状況から抜け出してカップルになろう」というのがブロックである．つまり，男女のどちらか一方でも「今の状況の方がアンタとカップルになるよりまし」と思えば，その 2 人によるブロックは成立しない．

第II部 マッチング

いま考えられる (m,w) には以下の $3\times 4=12$ 通りがある.

$$(1,4),(1,5),(1,6),(1,7)$$
$$(2,4),(2,5),(2,6),(2,7)$$
$$(3,4),(3,5),(3,6),(3,7)$$

このうち, $(1,5),(3,4)$ は μ によりカップルとされているものなので, μ をブロックすることはできない. また, μ のもとでは, 男性 3 は 1 番好きな女性である 4 とカップルになるので, $(3,5)$ と $(3,6)$ と $(3,7)$ は μ をブロックできない. 同じく, μ のもとで, 女性 4 は 1 番好きな男性である 3 とカップルになるので, $(1,4)$ と $(2,4)$ は μ をブロックできない. よって, μ をブロックする可能性を依然排除できないのは

$$(1,6),(1,7),(2,5),(2,6),(2,7)$$

のみである.

更に, 男性 1 は女性 $\mu(1)=5$ を, 女性 6 と 7 より好むので, $(1,6)$ と $(1,7)$ も μ をブロックできない. よって残るは

$$(2,5),(2,6),(2,7)$$

だけとなる. 女性 5 にとって男性 2 は $\mu(5)=1$ より劣る相手なので, $(2,5)$ は μ をブロックできない. 女性 6 にとって男性 2 は $\mu(6)=\emptyset$ より劣る相手なので, $(2,6)$ は μ をブロックできない. 男性 2 にとって女性 7 は $\mu(2)=\emptyset$ より劣る相手なので, $(2,7)$ は μ をブロックできない. □

命題 7.2 と同様の結果が一般に成り立つことを, 後に命題 7.3 で示す. そこでは, いま行ったように各 (m,w) が μ をブロックできないことを 1 つ 1 つ確かめるのではなく, アルゴリズムの内容に即した, より論理の本質に基づいた証明が与えられる.

男性側 DA アルゴリズムは，以下のように，男性からのプロポーズを同時に行うよう表記することで，より簡潔に記述することもできる．

男性側 DA アルゴリズム

ステップ1 男性1と3は1番好きな女性である4に，男性2は1番好きな女性である5にプロポーズする．女性4は男性3をキープして男性1を振り，女性5は男性2をキープする．

$$(3\heartsuit 4), (2\heartsuit 5)$$

ステップ2 男性1は，これまで振られてない女性の中で1番好きな5にプロポーズする．女性5は男性1とキープ中の男性2を比較し，男性1を新たにキープして，男性2を振る．

$$(3\heartsuit 4), (1\heartsuit 5)$$

ステップ3 男性2は，これまで振られてない女性の中で1番好きな6にプロポーズするが，女性6は男性2を振る．

$$(3\heartsuit 4), (1\heartsuit 5)$$

ステップ4 男性2は，これまで振られてない女性の中で1番好きな4にプロポーズする．女性4は男性2とキープ中の男性3を比較し，男性3をキープし続け，男性2を振る．

$$(3\heartsuit 4), (1\heartsuit 5)$$

第Ⅱ部　マッチング

プロセスの終了　男性 2 は独りでいることを女性 7 より好むので，これ以上プロポーズは行わない．その他の男性は皆，誰か女性にキープされており，これ以上プロポーズを行う者はいない．ここで男性側 DA アルゴリズムは停止し，この時点でのキープ状況

$$(3♡4), (1♡5)$$

をカップルとして決定する．カップルにならなかった男性 2 および女性 6 と 7 は独りとなる．　　　　　　　　　　　　　　　　　　　　　　□

　男性側 DA アルゴリズムについて 2 通りの記述を与えたが，これらが実質的に同じ内容であることは明らかだろう．前者のもとでは，プロポーズが名前の番号順になされているので，プロポーズの順番が結果に影響を与えると思う者もいるかもしれない．しかしそれは誤解であり，男性側 DA アルゴリズムは，プロポーズの順番と関係なく，完全に同じマッチングを導く．後者の記述を見れば，プロポーズが名前の番号と無関係に同時になされており，そのことが納得できるだろう．今後は後者と同様の，より簡潔な方法で DA アルゴリズムを記述していく．

　女性側 DA アルゴリズムは，男性側 DA アルゴリズムにおける男女の役割が入れ替わっただけのものである．

女性側 DA アルゴリズム

ステップ 1　女性 4 と 5 と 6 は 1 番好きな男性である 3 に，女性 7 は 1 番好きな男性である 1 にプロポーズする．男性 3 は女性 4 をキープして，女性 5 と 6 を振る．男性 1 は女性 7 をキープする．

$$(1♡7), (3♡4)$$

ステップ2 女性5と6は，これまで振られてない男性の中で1番好きな1にプロポーズする．男性1は女性5と6とキープ中の女性7を比較し，女性5を新たにキープし，女性6と7を振る．

$$(1♡5), (3♡4)$$

ステップ3 女性6にとって，これまで振られてない唯一の男性である2は「独りでいるよりイヤ」な相手なので，これ以上プロポーズは行わない．女性7は，これまで振られてない男性の中で1番好きな2にプロポーズする．男性2にとって，女性7は「独りでいるよりイヤ」な相手なので，女性7を振る．

$$(1♡5), (3♡4)$$

プロセスの終了 女性7にとって，これまで振られてない唯一の男性である3は「独りでいるよりイヤ」な相手なので，これ以上プロポーズは行わない．女性4と5は，誰か男性にキープされており，これ以上プロポーズを行う者はいない．ここで女性側DAアルゴリズムは停止し，この時点でのキープ状況

$$(1♡5), (3♡4)$$

をカップルとして決定する．カップルにならなかった男性2および女性6と7は独りとなる． □

いまのケースでは，男性側DAアルゴリズムが導くマッチングと，女性側DAアルゴリズムが導くマッチングはともに一致した．しかしこれは常には成り立たず，両者は異なるマッチングを導きうる．

7.4 男性側 DA と女性側 DA が異なるマッチングを導くケース

次の選好組を考え，そのもとで男性側および女性側 DA アルゴリズムがどのようなマッチングを導くか見てみよう．

$$\succsim_1: 6\ 5\ 4\ \emptyset\ 7 \qquad \succsim_4: 1\ 2\ \emptyset\ 3$$
$$\succsim_2: 5\ 7\ 6\ 4\ \emptyset \qquad \succsim_5: 1\ 2\ 3\ \emptyset$$
$$\succsim_3: 5\ 4\ \emptyset\ 7\ 6 \qquad \succsim_6: 3\ 2\ 1\ \emptyset$$
$$\qquad\qquad\qquad\qquad\qquad \succsim_7: 3\ \emptyset\ 1\ 2$$

男性側 DA アルゴリズム

ステップ 1 男性 1 は 1 番好きな女性である 6 に，男性 2 と 3 は 1 番好きな女性である 5 にプロポーズする．女性 6 は男性 1 をキープし，女性 5 は男性 2 をキープして男性 3 を振る．

$$(1♡6), (2♡5)$$

ステップ 2 男性 3 は，これまで振られてない女性の中で 1 番好きな 4 にプロポーズし，女性 4 にとって男性 3 は「独りでいるよりイヤ」な相手なので，男性 3 を振る．

$$(1♡6), (2♡5)$$

プロセスの終了 男性 3 は独りでいることを女性 7 と 6 より好むので，これ以上プロポーズはしない．その他の男性は皆，誰か女性にキープされており，

これ以上プロポーズを行う者はいない．ここで男性側 DA アルゴリズムは停止し，この時点でのキープ状況

$$(1♡6), (2♡5)$$

をカップルとして決定する．カップルにならなかった男性 3 および女性 4 と 7 は独りとなる．こうして得られたマッチングを μ^A で表す． □

女性側 DA アルゴリズム

ステップ 1 女性 4 と 5 は 1 番好きな男性である 1 に，女性 6 と 7 は 1 番好きな男性である 3 にプロポーズする．男性 1 は女性 5 をキープして，女性 4 を振る．男性 3 にとって女性 6 と 7 は「独りでいるよりイヤ」な相手なので両者を振る．

$$(1♡5)$$

ステップ 2 女性 4 と 6 は，これまで振られてない男性の中で 1 番好きな 2 にプロポーズする．女性 7 はこれ以上プロポーズを行わない．男性 2 は女性 6 をキープし，女性 4 を振る．

$$(1♡5), (2♡6)$$

プロセスの終了 女性 4 はこれ以上プロポーズを行わない．女性 5 と 6 は誰か男性にキープされており，女性 7 は既にこれ以上プロポーズを行わないとなっているので，ここで女性側 DA アルゴリズムは停止し，この時点でのキープ状況

$$(1♡5), (2♡6)$$

をカップルとして決定する．カップルにならなかった男性 3 および女性 4 と 7 は独りとなる．こうして得られたマッチングを μ^B で表す． □

この例においては，男性側 DA アルゴリズムが選択するマッチング μ^A

$$(1\heartsuit 6), (2\heartsuit 5)$$

と，女性側 DA アルゴリズムが選択するマッチング μ^B

$$(1\heartsuit 5), (2\heartsuit 6)$$

は異なっている．つまり安定マッチングは複数存在するわけである．これらマッチングに関する次の事実は，きわめて興味深いものである．

- 男性 1 は女性 $\mu^A(1) = 6$ を $\mu^B(1) = 5$ より，男性 2 は女性 $\mu^A(2) = 5$ を $\mu^B(2) = 6$ より好む．つまり，男性にとっては μ^A の方が μ^B より望ましい結果を生む．
- 女性 5 は男性 $\mu^B(5) = 1$ を $\mu^A(5) = 2$ より，女性 6 は男性 $\mu^B(6) = 2$ を $\mu^A(6) = 1$ より好む．つまり，女性にとっては μ^B の方が μ^A より望ましい結果を生む．

つまり，DA アルゴリズムを適用する際，男性側と女性側のどちらを用いるかという選択において，同性同士の利害は一致している．これは意外なことである．というのは，同性同士は，どの異性とカップルを組むかという問題で，互いに争う関係にあるからである．一方で，男性側は μ^A が，女性側は μ^B の方が望ましいということは，異性同士の利害は相反する関係にある．これはいまの例に限らず一般に成り立つ事実で，複数存在しうる安定マッチングの中で，男性側 DA アルゴリズムにより得られる安定マッチングは，全ての男性にとって他の安定マッチング以上に望ましい．逆に，女性側 DA アルゴリズムにより得られる安定マッチングは，全ての女性にとって他の安定マッチング以上に望ましい．

また，いま μ^A のもとでも μ^B のもとでも，カップルにならない人々である，男性 3 と女性 4 と 7 は共通している．これも一般に成り立つ事実であり，1 つ

の安定マッチングでカップルを形成しない個人は，他のどの安定マッチングにおいてもカップルを形成することができない．言い換えれば，ある安定マッチングと，別の安定マッチングは，カップルを形成している男女を適切に入れ替えることで互いに得ることができる．いまの例で言えば，μ^A において，女性6と女性5の位置を入れ替えれば（あるいは男性1と男性2の位置を入れ替えれば）μ^B が得られる．

7.5 インセンティブ

DA アルゴリズムのもとで，人々は真の選好を申告するインセンティブを持つだろうか．この問題を，前節と同じ以下の選好組を用い考察していこう．

$$\succsim_1: 6\ 5\ 4\ \emptyset\ 7 \qquad \succsim_4: 1\ 2\ \emptyset\ 3$$
$$\succsim_2: 5\ 7\ 6\ 4\ \emptyset \qquad \succsim_5: 1\ 2\ 3\ \emptyset$$
$$\succsim_3: 5\ 4\ \emptyset\ 7\ 6 \qquad \succsim_6: 3\ 2\ 1\ \emptyset$$
$$\qquad\qquad\qquad\qquad\qquad \succsim_7: 3\ \emptyset\ 1\ 2$$

この選好組に対し女性側 DA アルゴリズムが与えるマッチングは

$$(1\heartsuit 5), (2\heartsuit 6)$$

であった．

これから，男性2が本当の選好

$$\succsim_2: 5\ 7\ 6\ 4\ \emptyset$$

でなく

$$\succsim_2': 5\ 7\ 4\ 6\ \emptyset$$

を申告すれば，女性側 DA アルゴリズムは

$$(1♡6), (2♡5)$$

を選び取ることを見ていこう．男性 2 にとっては女性 5 の方が女性 6 より望ましいので，こうした選好の虚偽表明により，彼は得をするということになる．

$(\succsim'_2, \succsim_{-2})$ に対する女性側 DA アルゴリズム

ステップ 1 女性 4 と 5 は 1 番好きな男性である 1 に，女性 6 と 7 は 1 番好きな男性である 3 にプロポーズする．男性 1 は女性 5 をキープして，女性 4 を振る．男性 3 にとって女性 6 と 7 は「独りでいるよりイヤ」な相手なので両者を振る．

$$(1♡5)$$

ステップ 2 女性 4 と 6 は，これまで振られてない男性の中で 1 番好きな 2 にプロポーズする．女性 7 はこれ以上プロポーズを行わない．男性 2 は女性 4 をキープし，女性 6 を振る．

$$(1♡5), (2♡4)$$

ここで，男性 2 は本当の選好 $\succsim_2$ にとっては女性 6 の方がよいのに，戦略的に $\succsim'_2$ に基づき女性 4 をキープしていることに注意されたい．

ステップ 3 女性 6 は，これまで振られてない男性の中で 1 番好きな 1 にプロポーズする．男性 1 は女性 6 を新たにキープして，これまでキープしていた女性 5 を振る．

$$(1♡6), (2♡4)$$

ステップ 4 女性 5 は，これまで振られてない男性の中で 1 番好きな 2 にプロポーズする．男性 2 は女性 5 を新たにキープして，これまでキープしていた女性 4 を振る．

$$(1\heartsuit 6), (2\heartsuit 5)$$

男性 2 のステップ 2 における戦略的行動が功を奏したわけである．

プロセスの終了 女性 4 はこれ以上プロポーズを行わない．女性 5 と 6 は誰か男性にキープされており，女性 7 は既にこれ以上プロポーズを行わないとなっているので，ここで女性側 DA アルゴリズムは停止し，この時点でのキープ状況

$$(1\heartsuit 6), (2\heartsuit 5)$$

をカップルとして決定する．カップルにならなかった男性 3 および女性 4 と 7 は独りとなる．男性 2 は（女性 6 でなく）女性 5 とカップルになれたことに注意されたい． □

この例に限らず，女性側 DA アルゴリズムは男性により，男性側 DA アルゴリズムは女性により，戦略的に操作されうる．一方で，これらアルゴリズムのもとでは，プロポーズをする側は，真の選好を表明することが最適になっている．いまの $\succsim$ に対して，女性側 DA アルゴリズムはマッチング μ^B

$$(1\heartsuit 5), (2\heartsuit 6)$$

を導くわけだが，これから，どの女性 $w = 4, 5, 6, 7$ も，$\succsim_w$ でなく他の選好 $\succsim'_w$ を申告することによって，これより望ましいマッチングを実現できないことを確認していこう．

- 女性 4 は独り $\emptyset = \mu^B(4)$ になるより，男性 1 か 2 とカップルになりたい．しかし，第 1 ステップで女性 5 が男性 1 にプロポーズし，かつ $5 \succ_1 4$ なので，どのような $\succsim'_4$ によっても女性 4 が男性 1 にキープされることは無い．

次に，何かとき$\succsim'_4$のもとで，男性2にキープされたとしよう．例えば$\succsim'_4: 2\,1\,\emptyset\,3$とすれば，第1ステップで男性2にキープされる．しかし，後のステップで女性6が男性2にプロポーズしてくるので，そのとき振られることになる．

つまり，どのような$\succsim'_4$のもとでも，女性4は男性1と2とカップルになることはできない．

- 女性5は1番好きな男性$1= \mu^B(5)$とカップルになれるので，虚偽の選好を申告するインセンティブは当然無い．

- 女性6は男性3を男性$2= \mu^B(6)$より好む．しかし，男性3にとって女性6は「独りでいるよりイヤ」な相手なので，彼とカップルになることは不可能である．

- 女性7は独り$\emptyset = \mu^B(7)$になるより，男性3とカップルになりたい．しかし，男性3にとって女性7は「独りでいるよりイヤ」な相手なので，彼とカップルになることは不可能である．

7.6 DA アルゴリズムの厳密な定義

これから男性側 DA アルゴリズムの厳密な定義を与える[2]．記述を平易にするための用語をいくつか定めよう．まず，男性 m にとって女性 w が**許容可能**であるとは，$w \succ_m \emptyset$ を満たすことであり，女性 w にとって男性 m が**許容可能**であるとは，$m \succ_w \emptyset$ を満たすことである．そして，男性にとって**プロポーズ可能な女性**は「これまで振られておらず，かつ許容可能な女性」のことを意味する．

---
[2]女性側 DA アルゴリズムは男女の役割を入れ替えればそのまま得られる．

男性側 DA アルゴリズム

ステップ1 各男性は，許容可能な中で1番好きな女性にプロポーズする．許容可能な女性がいない男性は，独り身になることがこの時点で確定する．各女性は，自分にプロポーズしてきた男性の中で許容可能な者のうち，1番好きな男性をキープする．それ以外の男性は皆振られる．許容可能な男性から誰にもプロポーズされなかった女性は独り身のままである．

ステップ $s \geq 2$ ステップ $s-1$ で振られた全ての男性は，そのときプロポーズ可能な女性の中で，1番好きな女性にプロポーズする．プロポーズ可能な女性がいない男性は，独り身になることがこの時点で確定する．それぞれの女性の行動は以下の通りである．

- 男性をステップ $s-1$ でキープしており，かつこのステップで誰からもプロポーズをされなかった女性は，キープ中の男性をキープし続ける．

- 男性をステップ $s-1$ でキープしておらず，かつこのステップで誰からもプロポーズをされなかった女性は，独り身のままである．

- 男性をステップ $s-1$ でキープしており，かつ n 人の許容可能な男性からプロポーズをされた女性は，それら $n+1$ 人の男性の中から1番好きな人をキープする．キープしてもらえなかった n 人とそもそも許容可能でなかった男性たちは皆振られる．

- 男性をステップ $s-1$ でキープしておらず，かつ n 人の許容可能な男性からプロポーズをされた女性は，それら n 人の男性の中から1番好きな人をキープする．キープしてもらえなかった $n-1$ 人とそもそも許容可能でなかった男性たちは皆振られる．

プロセスの終了 どの女性にもプロポーズする男性がいなくなったステップでア

ルゴリズムは停止する．各男性は 1 人の女性に最高 1 回しかプロポーズできず，振られ続けたとしても，彼がプロポーズ可能な女性は減る一方なので，このようなステップは必ず訪れる．この時点でキープの関係にある男性と女性が，カップルとして定められる．それ以外の者は全員独り身となる． □

選好組 $\succsim$ のもとで男性側 DA アルゴリズムが導くマッチングを $S^A(\succsim)$ により表す．次に与えるのは命題 7.2 の一般化であり，男性側 DA アルゴリズムがどのような選好組のもとでも安定的なマッチングを導くことを保証している．

命題 7.3. どのような $\succsim$ に対しても，マッチング $S^A(\succsim)$ は $\succsim$ のもとで安定的である．

証明． 任意の $\succsim$ について考え，そのもとで男性側 DA アルゴリズムが導くマッチングを $\mu = S^A(\succsim)$ で表す．アルゴリズムの定義に，男性は $\emptyset$ より望ましい女性にしかプロポーズせず，女性は $\emptyset$ より望ましい男性しかキープしないとあるので，μ は $\succsim$ のもとで個人合理的になっている．よってこれから，$\succsim$ のもとで，どのような (m, w) も μ をブロックできないことを示せば，μ は安定的であるということになる．

いま (m, w) について

$$w \succ_m \mu(m)$$

が成り立つものとしよう．男性側 DA アルゴリズムの定義より，男性 m はどこかのステップで w に振られていることになる．この，m が w に振られたステップで，(i) w は誰か別の男性 $m' \neq m$ をキープするか，(ii) 誰もキープしないかを選んだわけである．

(i) のケースでは，$m' \succ_w m$ である．また，男性側 DA アルゴリズムのもとでは，女性がキープする相手はステップが進むにつれて改善されるか現状維持

のいずれかなので
$$\mu(w) \succsim_w m'$$
であり，よって
$$\mu(w) \succ_w m$$
となる．

(ii) のケースでは，$\emptyset \succ_w m$ である．そして μ の個人合理性より $\mu(w) \succsim_w \emptyset$ が成り立つので
$$\mu(w) \succ_w m$$
となる．

以上の議論から，$w \succ_m \mu(m)$ が成り立つならば，いずれのケースにおいても必ず $\mu(w) \succ_w m$ が成り立つことがわかった．よって，$\succsim$ のもとでは，どのような (m, w) も μ をブロックできない． □

ここでマッチングルールを，各選好組 $\succsim$ に対して，1つのマッチング $F(\succsim) = \mu$ を与える関数として定義する．また，$F_i(\succsim) = \mu(i)$ と表記する．マッチングルールに対するインセンティブ条件を以下に定めよう．

男性側耐戦略性 男性 m，選好 $\succsim_m$，他者の選好組 $\succsim_{-m}$，選好 $\succsim'_m \neq \succsim_m$ について，これらが何であっても
$$F_m(\succsim_m, \succsim_{-m}) \succsim_m F_m(\succsim'_m, \succsim_{-m})$$
が成り立つ．

男性側 DA アルゴリズムにより定義されるマッチングルールを S^A で表し，第 7.5 節で論じた，インセンティブに関する性質を以下にまとめておこう．証明は本書のレベルを超えるので省略する[3]．

---
[3] 例えば，坂井・藤中・若山（2008，第 7 章）にその証明がある．

命題 7.4. 男性側 DA アルゴリズムにより定義されるマッチングルール S^A は，男性側耐戦略性を満たす．

同様に女性側耐戦略性を定義することができるが，第 7.5 節で見たように，S^A はその性質を満たさない．

7.7　まとめ

結婚マッチングにおいて重要な役割を果たすのが，デヴィッド・ゲールとロイド・シャプレーにより考案された DA アルゴリズムである．DA アルゴリズムは，プロポーズする側を男性にするか女性にするかで異なるマッチングを導きうるが，どちらにしても安定的なマッチングを実現する．ただし，男性にとっては男性がプロポーズする側になる方が，女性にとっては女性がプロポーズする側になる方が，より望ましい安定マッチングを得ることができる．戦略的な側面から言えば，プロポーズする側にとっては真の選好を申告することが最適である一方，プロポーズを受ける側にとってはそうとは限らない．

文献補足

結婚マッチングのみならず，いわゆるマッチング理論は Gale and Shapley (1962) の先駆的貢献によりその基本的枠組みが与えられた．DA アルゴリズムのもとで，プロポーズする側にとって真の選好を申告することが最適であることは，Dubins and Freedman (1981) と Roth (1982b) が明らかにした．DA アルゴリズムに限らず，個人合理性と効率性を満たすマッチングを常に選ぶルールは，耐戦略性を完全には満たさないことを，Alcalde and Barberà (1994) が示している．なお，以上の文献はいずれも，次章で扱う，より一般的な一対多マッチングでこうした議論を展開している．

第8章　一対多マッチング

8.1　はじめに

　一対一マッチングでは，1人の人間が，多数の異性とカップルになることは許容されていなかった．いわば，一夫一妻が求められていたわけである．これを一夫多妻（あるいは多夫一妻）が可能となるよう拡張したものが，本章で扱う一対多マッチングである．一対一マッチングで中心的な役割を果たしたDAアルゴリズムは，一対多マッチングへと自然に拡張することができ，ここでも安定マッチングを見付けだす強力なツールとなる．マッチング理論が現実に応用されるのは一対多のケースが圧倒的に多く，研修医に病院を割り当てる問題や，第9章で扱う，学生を公立学校に割り当てる問題はその好例である．

8.2　モデル

　基本的な枠組みは前章と同じであり，ここでは M 人の人員を，W 個ある部門に配置する問題を考える．それぞれの人員を $m = 1, \ldots, M$ により，部門を $w = M+1, \ldots, M+W$ により表す．人員は部門に対して，部門は人員に対して，選好 $\succsim_i$ を持っている．記号 $\emptyset$ は「無所属」ないし「拒否」を意味する．例えばここで「人員」が新入社員，「部門」が部署を意味し，$M = 5$ かつ $W = 2$

第Ⅱ部 マッチング

として

$$\succsim_1: 6\ \emptyset\ 7$$
$$\succsim_6: 3\ 1\ 2\ 5\ \emptyset\ 4$$

であるとしよう．これは，新入社員 1 にとっては「部署 7 に配属されるくらいなら会社を辞めた方がまし」であり，部署 6 にとっては「新入社員 4 はいない方がまし」であることとして解釈される．

人員と部門の選好の組を

$$\succsim = (\succsim_1, \ldots, \succsim_M, \succsim_{M+1}, \ldots, \succsim_{M+W})$$

で表す．各部門 w はキャパシティー c_w を持っている．c_w は 1 以上の整数であり，部門 w は c_w 人まで人員を所属させられることを意味する．

- 人員 m の所属先を $\mu(m)$ で表す．ただし，この「所属先」$\mu(m)$ は，部門 w のどれかであるか，無所属を意味する $\emptyset$ であるものとする．つまり $\mu(m) = \emptyset$ のとき，m はどの部門にも所属しない．

- 記号 $|\mu(w)|$ により，部門 w に所属する人員の数を表し，これはキャパシティー制約 $0 \leq |\mu(w)| \leq c_w$ を満たすものとする．$|\mu(w)| = 0$ であれば，部門 w には誰も所属していないことになる．

これらの条件を満たす，各人員 m に所属先 $\mu(m)$ を割り当てる関数 μ のことを**マッチング**という[1]．また，マッチング μ が $\succsim$ のもとで**個人合理的**であるとは，

---

[1] 一対一マッチングでは，男性を女性に，女性を男性に割り当てるという形で，双方向的にマッチングを定義していた．しかし，いまの一対多の設定では，人員を部門に割り当てるという一方向のみでマッチングを定義している．ただし，人員を部門に割り当てるということは，見方を逆にすれば部門を人員に割り当てているわけであり，これらの定義に本質的な差異は無い．一対一の設定では男女が対称的なため双方向的な定義が便利であったが，一対多においては必ずしもそうではないため，いまのように定義してある．

$\mu(m) = w$ である全ての m, w について

$$w \succ_m \emptyset \quad \text{かつ} \quad m \succ_w \emptyset$$

が成り立つことである．

安定性 マッチング μ が $\succsim$ のもとで安定的であるとは次の 2 条件が成り立つことである．
(s-i) μ は $\succsim$ のもとで個人合理的である．
(s-ii) $w \succ_m \mu(m)$ である m, w について考える．もし $|\mu(w)| = c_w$ ならば，$\mu(m') = w$ であるどのような m' についても，$m' \succ_w m$ である．もし $|\mu(w)| < c_w$ ならば，$\emptyset \succ_w m$ である．

(s-ii) は一対一マッチングで論じたブロックに対応する条件であり，次のように解釈される．まず，前提条件の $w \succ_m \mu(m)$ は，人員 m は部門 w への異動を望んでいることを意味する．そして，部門 w に欠員が無い状況では，w は誰かいまいる人員 m' を m と入れ替えたいとは思わない．部門 w に欠員がある状況では，w は m によってその欠員を埋めたいとは思わない．この安定性の定義は，全ての w について $c_w = 1$ であるとき，一対一マッチングにおける安定性の定義と等しい．

8.3 DA アルゴリズム

これから DA アルゴリズムの定義を与える．一対一のときと同じく，DA アルゴリズムには人員が「ここに所属したい」と出願側になる場合と，部門が「ここに所属してほしい」と出願側になる場合の 2 通りがあり，これらはいずれも安定的なマッチングを導く．ただし，部門は複数の人員を所属させられるという，人員と部門の非対称性があるゆえ，それら両アルゴリズムは必ずしも同じ

性質を有さない．現実に DA アルゴリズムを用いる際には，人員が出願側になることが多いので，本章ではそれについて主に論じる．

アルゴリズムの記述を平易にするため用語をいくつか定めよう．まず，人員 m にとって部門 w が**許容可能**であるとは，$w \succ_m \emptyset$ を満たすことであり，部門 w にとって人員 m が**許容可能**であるとは，$m \succ_w \emptyset$ を満たすことである．そして，人員にとって**出願可能な部門**は「これまで断られておらず，かつ許容可能な部門」のことを意味する．

人員側 DA アルゴリズム

ステップ 1 　各人員は許容可能な部門の中で，1 番好きな部門に出願する．許容可能な部門が無い人員は，無所属になることがこの時点で確定する．各部門は，そこに出願してきた人員の中で許容可能な者のうち，上位 c_w 人までの人員を全てキープする．それ以外の人員は皆断られる．

ステップ $s \geq 2$ 　ステップ $s-1$ で断られた全ての人員は，出願可能な部門の中で，1 番好きな部門に出願する．出願可能な部門が無い人員は，無所属になることがこの時点で確定する．それぞれの部門 w は「ステップ $s-1$ でキープした人員」と「ステップ s で新たに出願してきた人員の中で許容可能な者」のうち，上位 c_w 人までの人員を全てキープする．それ以外の人員は皆断られる．

プロセスの終了 　どの部門にも出願する人員がいなくなったステップでアルゴリズムは停止する．各人員は 1 つの部門に最高 1 回しか出願できず，断られ続けたとしても，彼が出願可能な部門は減る一方なので，このようなステップは必ず訪れる．この時点での人員と部門のキープ関係を，正式な所属関係として定める．どこにも所属できなかった人員は無所属となる．ま

た，各部門はゼロ以上，キャパシティー以下の人数の人員を所属させることになる． □

人員側 DA アルゴリズムの例を見てみよう．いま $M = 7$, $W = 2$, $c_8 = 2$, $c_9 = 2$ とし，人員と部門の選好はそれぞれ以下であるものとする．

$\succsim_1$: 8 9 ∅ $\quad\quad\quad\succsim_8$: 3 2 6 4 5 ∅ 7 1

$\succsim_2$: 9 8 ∅ $\quad\quad\quad\succsim_9$: 3 1 6 5 7 4 ∅ 2

$\succsim_3$: 8 ∅ 9

$\succsim_4$: 8 ∅ 9

$\succsim_5$: 8 9 ∅

$\succsim_6$: 9 8 ∅

$\succsim_7$: ∅ 8 9

第1ステップ 人員 1, 3, 4, 5 は部門 8 に出願し，部門 8 は人員 3 と 4 をキープして人員 1 と 5 を断る．人員 2 と 6 は部門 9 に出願し，部門 9 は人員 6 をキープして人員 2 を断る．人員 7 は無所属が確定する．

$$(3, 4 \heartsuit 8), (6 \heartsuit 9)$$

第2ステップ 人員 1 と 5 は部門 9 に出願する．部門 9 は人員 1 と 6 をキープして人員 5 を断る．人員 2 は部門 8 に出願する．部門 8 は人員 2 と 3 をキープして人員 4 を断る．

$$(2, 3 \heartsuit 8), (1, 6 \heartsuit 9)$$

プロセスの終了 人員 4 と 5 は無所属が確定する．新たに出願する人員がいないので，この段階でのキープ状況

$$(2, 3 \heartsuit 8), (1, 6 \heartsuit 9)$$

を所属関係として確定する．つまり，人員2と3は部門8に所属し，人員1と6は部門9に所属し，人員4と5と7は無所属となる． □

いまの例で，人員側DAアルゴリズムにより得られたマッチングが安定的であることは容易に確かめられる．次の命題はその一般性を保証するものである．選好組$\succsim$に対し人員側DAアルゴリズムが導くマッチングを$S^A(\succsim)$により表す．

命題 8.1. どのような$\succsim$に対しても，マッチング$S^A(\succsim)$は$\succsim$のもとで安定的である．

証明． 命題7.3と同じ方法で示せる． □

次の命題は，人員側DAアルゴリズムのもとでのインセンティブに関するものであり，一対一マッチングにおける命題7.4に対応する．この命題で用いられている諸用語は，一対一マッチングと同様に定められるので定義を省略する．

命題 8.2. 人員側DAアルゴリズムにより定義されるマッチングルールS^Aは，人員側耐戦略性を満たす．

部門側DAアルゴリズムのもとでは，部門側も，虚偽の選好の申告により得をする可能性があることが知られている．つまり部門側DAアルゴリズムは，部門側耐戦略性を満たさない．アメリカでの，研修医の病院マッチングにおいては，部門側（病院側）DAアルゴリズムと同じマッチングを導くアルゴリズムがかつて用いられていたが，この欠点を理由の1つとして，後に人員側（研修医側）DAアルゴリズムへと変更がなされた．日本でも医師臨床研修マッチング協議会が，人員側DAアルゴリズムに基づく研修医の病院への割り当てを行っている．

なお，人員側DAアルゴリズムを用いる際には，人員側にとって正直申告が最適であるとアナウンスされることが多い．これは自然なことであり，命題8.2はもともと高名な数学系学術誌に発表されたような，難度の高いものである．適

切なアナウンス無しでも人々が正直申告を常に選択できると期待するのは，あまり賢明でないだろう．人員側 DA アルゴリズムに限らず，耐戦略性を満たすルールを用いる際には，その事実を丁寧にアナウンスした方が，メリットを有効に活用できるものと考えられる．

さて，第 7.4 節で，男性側 DA アルゴリズムにより得られる安定マッチングは，全ての男性にとって，他の安定マッチング以上に望ましいものであると述べた．同様の性質が人員側 DA アルゴリズムについても成り立つ．この事実は一対多マッチングではとりわけ重要な役割を果たすことが多いため，以下にそれを命題として記述しておこう．

命題 8.3. 任意の選好組 $\succsim$ について考え，$\mu = S^A(\succsim)$ と表記する．$\succsim$ のもとでのどのような安定マッチング $\mu' \neq \mu$ に対しても，全ての人員 m について

$$\mu(m) \succsim_m \mu'(m)$$

が成り立ち，また少なくとも 1 人の m については

$$\mu(m) \succ_m \mu'(m)$$

が成り立つ．

8.4 ボストン方式

ボストン方式は，学生を公立学校に割り当てる際に，米国ボストン市をはじめとするいくつかの自治体で用いられていた方法である[2]．この方法は，以下で見るように，戦略的操作の観点から大きな問題を抱えており，近年では学生側 DA アルゴリズムに取って代わられることが多いものである．

---

[2] ボストン方式という名称はマッチング理論で慣例的に用いられているが，特にボストン市に固有の方法というわけではない．

第Ⅱ部 マッチング

　DA アルゴリズムの定義においては「キープ」関係が重要な役割を果たしていた．そして，この関係は永続的なものではなく，ステップが進むにつれ更新されていくものであった．そのような変更が一切無く，キープ関係が最初から最終的な受け入れ関係になるのがボストン方式だといってよい．

ボストン方式

ステップ1 各人員は，許容可能な部門の中で，1番好きな部門に出願する．許容可能な部門が無い人員は，無所属になることがこの時点で確定する．各部門は，そこに出願してきた人員の中で許容可能な者のうち，キャパシティー内の人員を上位から順に受け入れる．この受け入れ関係は最終的なもので，以後変更されない．それ以外の人員は皆断られる．

ステップ $s \geq 2$ ステップ $s-1$ で断られた全ての人員は，出願可能な部門の中で，1番好きな部門に出願する．出願可能な部門が無い人員は，無所属になることがこの時点で確定する．各部門は，そこに出願してきた人員の中で許容可能な者のうち，残りのキャパシティー内の人員を上位から順に受け入れる．この受け入れ関係は最終的なもので，以後変更されない．それ以外の人員は皆断られる．

プロセスの終了 どの部門にも出願する人員がいなくなったステップでアルゴリズムは停止する．各人員は1つの部門に最高1回しか出願できず，断られ続けたとしても，彼が出願可能な部門は減る一方なので，このようなステップは必ず訪れる．どこにも所属できなかった人員は無所属となる．また，各部門はゼロ以上，キャパシティー以下の人数の人員を所属させることになる． □

　人員側 DA アルゴリズムを解説する際に用いたのと同じ，$M=7$, $W=2$, $c_8=2$, $c_9=2$ である以下の例で，どのようにボストン方式が働くかを見てみ

よう.

$\succsim_1: 8\ 9\ \emptyset$　　　　$\succsim_8: 3\ 2\ 6\ 4\ 5\ 0\ 7\ 1$

$\succsim_2: 9\ 8\ \emptyset$　　　　$\succsim_9: 3\ 1\ 6\ 5\ 7\ 4\ 0\ 2$

$\succsim_3: 8\ \emptyset\ 9$

$\succsim_4: 8\ \emptyset\ 9$

$\succsim_5: 8\ 9\ \emptyset$

$\succsim_6: 9\ 8\ \emptyset$

$\succsim_7: \emptyset\ 8\ 9$

第1ステップ　人員 $1, 3, 4, 5$ は部門8に出願し，部門8は人員3と4を受け入れ人員1と5を断る．人員2と6は部門9に出願し，部門9は人員6を受け入れ人員2を断る．人員7は無所属が確定する．

$$(3, 4 \heartsuit 8), (6 \heartsuit 9)$$

第2ステップ　人員1と5は部門9に出願する．部門9はまだ1つキャパシティーに残りがあるので，人員1を受け入れ，人員5を断る．人員2は部門8に出願するが，部門8にはもうキャパシティーに残りが無いので人員2を断る．

$$(3, 4 \heartsuit 8), (1, 6 \heartsuit 9)$$

プロセスの終了　人員2と5は無所属が確定する．人員3と4は部門8に所属し，人員1と6は部門9に所属し，人員2と5と7は無所属となる．

$$(3, 4 \heartsuit 8), (1, 6 \heartsuit 9)$$

□

第II部　マッチング

　ステップ2で端的に観察されるように，ボストン方式は「早い者勝ち」のルールであり，戦略的操作に対してきわめて弱い．例えば人員2は最初に部門9でなく8に出願していれば，無所属とならず部門8に所属することができた．つまり，選好

$$\succsim_2': 8\ 9\ \emptyset$$

あるいは

$$\succsim_2'': 8\ \emptyset\ 9$$

を申告すればよかったことになる．人員側DAアルゴリズムのときと異なり，ボストン方式のもとで人々がどのように行動すればよいかについて，明確な指針は無い．その意味では戦略的なストレスの多いルールといえる．

　また，ボストン方式は安定的なマッチングを導くことができない．実際，いまの例においても

$$8 \succ_2 \emptyset \text{ かつ } 2 \succ_8 4$$

ゆえ，安定性が満たされていない．

8.5　まとめ

　一対多マッチングにおいてもDAアルゴリズムはうまく機能し，出願側にとって最も望ましい安定マッチングを導くことができる．実用の際には，人員が出願側になることが標準的であり，そのときは人員にとって正直に選好を申告することが最適となっている．一方，ボストン方式は安定的なマッチングを導くことができず，また戦略的操作に対し脆弱である．

文献補足

アメリカ研修医マッチングで当時用いられていたアルゴリズムが，病院が出願側になる DA アルゴリズムと同じマッチングを導くことを，Roth (1984) が指摘した．アルヴァン・ロスの助言に基づき，アメリカでは 90 年代後半に，研修医が出願側になる DA アルゴリズムに基づくものへと制度が変更されたが，これについては Roth and Peranson (1999) と Roth (2003) が詳しい．DA アルゴリズムのサーヴェイには Roth (2008) がある．一対一と一対多の設定が生む違いについては Roth (1985) が詳しい．

日本では，早稲田大学高等学院の学生を，進学先である早稲田大学の各学部へと割り当てる際に，学生を出願側とする DA アルゴリズムに基づくものが用いられており，その事例研究に佐々木 (2004) がある．岡田・大道 (1996) は大阪府職員の配置を事例として，人員側 DA アルゴリズムの利用を考察している．

Hatfield and Milgrom (2005) は一対多マッチングのモデルを，契約集合という概念を用いて一般化し，オークションとマッチングを特殊ケースとして含むモデルを提案した．彼らはそこで，人員側 DA アルゴリズムを拡張し，それにより定められるマッチングルールが，安定性と人員側耐戦略性をともに満たすことを示した．また，そのようなマッチングルールは他に存在しないことを，Sakai (2011) が示している．更に，このマッチングルールは，人員のグループに対する耐戦略性という，より強い性質をも満たすことを，Hatfield and Kojima (2009) が明らかにしている．こうした一般的なモデルはマッチング・ウィズ・コントラクツ（契約を伴うマッチング）と呼ばれ，多くの非分割財配分問題に統一的な視座を与える有効なフレームワークとなっている．離散凸解析を用いて，マッチング・ウィズ・コントラクツを含む一般モデルを考察した書籍に，田村 (2009) がある．

第9章　公立学校マッチング

9.1　はじめに

本章では，学校選択制を実施する際に，公立の小・中学校を学生に割り当てる問題を扱う．ここで扱うのは「学校選択制を実施すると仮定すれば，どのようなマッチング方式を採用すればよいか」という問題であり，学校選択制そのものの社会的影響や効果やコストという問題は議論の枠外にある．つまり我々の問題意識は「もし学校選択制を実施するならば，優れたマッチング方法を用いればよい．そしてそれは何だろう」ということである．テクニカルには，我々がここで考えるのは一対多マッチングであり，学校マッチングに固有の状況をモデルに組み込み考察することが課題となる．

9.2　モデル

本章では，第8章で扱った一対多マッチングのモデルをそのまま用いる．そこで述べた「人員」と「部門」が，ここでの「学生」と「学校」にあたる．つまり学生が $m = 1, \ldots, M$，学校が $w = M+1, \ldots, M+W$ である．

ここで念頭に置く学校とは公立の小・中学校であり，それらは個人的な資質（例えば成績やスポーツなど）と無関係に学生を受け入れる主体であると想定される．その意味で，学校は学生に対して選好を持たない．ただし，兄弟の通学状況や学校への距離により，各学校は学生の入学に対して優先順位を付けてい

る.モデルとしては,これまでの章で選好と呼んでいた $\succsim_w$ により,学校 w の持つ優先順位を表す.これは選好と優先順位についての解釈上の違いと言えばそうであるが,これからの扱い方に差が出てくる.$\succsim^M = (\succsim_1, \ldots, \succsim_M)$ により選好の組,$\succsim^W = (\succsim_{M+1}, \ldots, \succsim_{M+W})$ により優先順位の組,$\succsim = (\succsim^M, \succsim^W)$ によりそれら全ての組を表す.

優先順位は,教育委員会や地方議会などの外部機関が定めた,固定されたものとする[1].優先順位が固定されているということは,インセンティブの問題を考える際に,これに関する虚偽申告を考慮しなくてよいということになる.

本章では説明を簡単にするため,学生と学校は互いに全て許容可能であるものとする.つまり,全ての学生 m と学校 w について

$$w \succ_m \emptyset \quad かつ \quad m \succ_w \emptyset$$

が成り立つことにする.そして,選好や優先順位を表記するときに,$\emptyset$ を書かない.

学校マッチングの文脈では,安定性は「学校のキャパシティーを無駄なく割り当て」かつ「入りたかったが入れなかった学校には,自分より優先順位が高い者しかいない」性質として理解される[2].つまり,もし $w \succ_m \mu(m)$ が成り立つとすれば,学校 w は μ のもとでキャパシティー c_w いっぱいまで学生を受け入れており,かつそれら学生の $\succsim_w$ における順位はいずれも,m の順位より高いということである.

---

[1] 一対多マッチングの実例としてよく挙げられる研修医マッチングでは,病院側の研修医に対する選好は外部が決める優先順位ではないので,本章の設定にはそぐわない.
[2] 後者の性質は,自分より優先順位が低い者を羨望しないという,無羨望性として考えられることも多い.

9.3 学生側からの効率性

本節以降の議論はいくつかの例を用い展開されるが，そこでは常に

$$M = W = 3,\ c_4 = c_5 = c_6 = 1$$

のケースを扱う．つまり，学生数と学校数はともに 3 であり，各学校のキャパシティーはいずれも 1 である．これについては今後，その都度述べない．

学校マッチングの文脈では，効率性について考える際に，学生の学校に対する選好だけを考慮の対象とすることが多い．これは，成績やスポーツなどの要因で学生を選抜することが想定されていない，いわば誰が来てもよい公立小・中学校の入学権の割り当てにおいては，自然だといえよう[3]．

- $\succsim^M$ のもとでマッチング μ' がマッチング μ を**学生側パレート改善**するとは，全ての学生 m について $\mu'(m) \succsim_m \mu(m)$ が成り立ち，かつ少なくとも 1 人の m については $\mu'(m) \succ_m \mu(m)$ が成り立つことである．

- $\succsim^M$ のもとでマッチング μ が**学生効率的**であるとは，他のどのようなマッチング μ' も，$\succsim^M$ のもとで μ を学生側パレート改善しないことである．

- $\succsim$ のもとでの安定マッチング μ が**学生最適**であるとは，μ を $\succsim^M$ のもとで学生側パレート改善するような，$\succsim$ のもとでの安定マッチング μ' が存在しないことである．

命題 8.3 は，学生側 DA アルゴリズムにより得られる安定マッチングが，他の全ての安定マッチングを学生側パレート改善する，学生最適マッチングであ

---

[3] 一方，研修医マッチングのように，病院側もそれぞれの考えにより研修医を選ぶ場合は，そのような効率性の定義は適切でない．

ることを保証している[4]．しかし，この学生最適安定マッチングは，安定的でないマッチングにより学生側パレート改善されうることを，次の例で見てみよう．

$$\succsim_1: 5\ 4\ 6 \qquad \succsim_4: 1\ 3\ 2$$
$$\succsim_2: 4\ 5\ 6 \qquad \succsim_5: 2\ 1\ 3$$
$$\succsim_3: 4\ 5\ 6 \qquad \succsim_6: 2\ 1\ 3$$

学生側 DA アルゴリズム

第 1 ステップ 学生 1 が学校 5 に出願し，学校 5 は学生 1 をキープする．学生 2 と 3 が学校 4 に出願し，学校 4 は学生 3 をキープして学生 2 を断る．

$$(1\heartsuit 5), (3\heartsuit 4)$$

第 2 ステップ 学生 2 が学校 5 に出願し，学校 5 は学生 2 をキープして学生 1 を断る．

$$(2\heartsuit 5), (3\heartsuit 4)$$

第 3 ステップ 学生 1 が学校 4 に出願し，学校 4 は学生 1 をキープして学生 3 を断る．

$$(1\heartsuit 4), (2\heartsuit 5)$$

第 4 ステップ 学生 3 が学校 5 に出願し，学校 5 は学生 2 をキープして学生 3 を断る．

$$(1\heartsuit 4), (2\heartsuit 5)$$

---

[4]この結果は，優先順位が同順位を含まない，つまり全ての学生に異なる順位が割り振られるという，いまの設定に依存している．次節では，優先順位に同順位がある場合に，学生側 DA アルゴリズムにより得られる安定マッチングが，学生最適とは限らないことを論じる．

第5ステップ 学生3が学校6に出願し，学校6は学生3をキープする．

$$(1♡4),\ (2♡5),\ (3♡6)$$

プロセスの終了 第5ステップ終了時にアルゴリズムは停止する．こうして得られたマッチングを μ で表すと

$$\mu(1) = 4,\ \mu(2) = 5,\ \mu(3) = 6$$

である． □

こうして得られた μ は $\succsim$ のもとでの学生最適安定マッチングである．しかしながら，次のマッチング

$$\mu'(1) = 5,\ \mu'(2) = 4,\ \mu'(3) = 6$$

を考えれば，$\succsim^M$ のもとで μ' は μ を学生側パレート改善する．そしてこの μ' は，学生3と学校4がブロック条件

$$4 \succ_3 6\ \text{かつ}\ 3 \succ_4 2$$

を満たすので，$\succsim$ のもとで安定的ではない．

9.4 同順位の解消とそれに伴う問題

これまでのモデルでは，選好や優先順位は同順位を持たないものとしてきた．学生が，学校に対して同順位を持たないよう細かく評価を行うことには，一定の現実性があるといえるだろう．少なくとも，選好リストを提出する際に「これを自分の（同順位を持たない）選好である」と決めて提出することはできる．しかしながら，同様のことは学校側には望めない．例えば，優先順位の決定において考慮すべき要素が「兄か姉が通学しているか」と「自宅が学区内か」の2つである場合，各学生は

第II部　マッチング

- 兄か姉が通学しており，自宅が学区内

- 兄か姉が通学しており，自宅が学区外

- 兄か姉が通学しておらず，自宅が学区内

- 兄か姉が通学しておらず，自宅が学区外

のいずれかのカテゴリーに属することになる．とすれば，多くの学生が同一のカテゴリーに属することになり，同一の優先順位を与えられることになる．優先順位は，学生の持つ選好のように恣意的に同順位を崩してよいものではないので，このままでは学生側 DA アルゴリズムを利用できない．

　今後，優先順位が同順位を含む場合，同順位の学生たちを記号 [　] でくくり

$$\succsim_4: 1\ [2\ 3]$$

のように表す．この例では，学校 4 の優先順位にとって学生 2 と 3 は同順位である．同順位を崩すことを**タイブレーク**という．最も単純かつ公平なタイブレークの方法は，くじを用いて異なる順位を割り当てることである．ここでは

$$\succsim_4': 1\ 2\ 3$$
$$\succsim_4'': 1\ 3\ 2$$

をそれぞれ 50%の確率で選択するということになる．

　くじによる解決は優れているように思えるが，実はまだ改善の余地があることを次の例で見てみよう．

$$\succsim_1: 5\ 4\ 6 \qquad \succsim_4: 1\ [2\ 3]$$
$$\succsim_2: 6\ 5\ 4 \qquad \succsim_5: 2\ [1\ 3]$$
$$\succsim_3: 5\ 6\ 4 \qquad \succsim_6: 3\ [1\ 2]$$

ここでくじによりタイブレークを行い

$$\succsim_1: 5\ 4\ 6 \qquad \succsim'_4: 1\ 2\ 3$$
$$\succsim_2: 6\ 5\ 4 \qquad \succsim'_5: 2\ 1\ 3$$
$$\succsim_3: 5\ 6\ 4 \qquad \succsim'_6: 3\ 1\ 2$$

が得られたとし，学生側 DA アルゴリズムを用いてみよう．

$(\succsim_1, \succsim_2, \succsim_3, \succsim'_4, \succsim'_5, \succsim'_6)$ に対する学生側 DA アルゴリズム

第 1 ステップ 学生 1 と 3 が学校 5 に出願し，学校 5 は学生 1 をキープして学生 3 を断る．学生 2 が学校 6 に出願し，学校 6 は学生 2 をキープする．

$$(1\heartsuit 5), (2\heartsuit 6)$$

第 2 ステップ 学生 3 が学校 6 に出願し，学校 6 は学生 3 をキープして学生 2 を断る．

$$(1\heartsuit 5), (3\heartsuit 6)$$

第 3 ステップ 学生 2 が学校 5 に出願し，学校 5 は学生 2 をキープして学生 1 を断る．

$$(2\heartsuit 5), (3\heartsuit 6)$$

第 4 ステップ 学生 1 が学校 4 に出願し，学校 4 は学生 1 をキープする．

$$(1\heartsuit 4), (2\heartsuit 5), (3\heartsuit 6)$$

プロセスの終了 第 4 ステップ終了時にアルゴリズムは停止する．こうして得られたマッチングを μ で表すと

$$\mu(1) = 4,\ \mu(2) = 5,\ \mu(3) = 6$$

である.

μ は $(\succsim_1, \succsim_2, \succsim_3, \succsim'_4, \succsim'_5, \succsim'_6)$ に対して学生側 DA アルゴリズムを適用し得られたものであるから, $(\succsim_1, \succsim_2, \succsim_3, \succsim'_4, \succsim'_5, \succsim'_6)$ のもとでの学生最適安定マッチングである. しかし μ は, タイブレーク前の本来の $\succsim$ のもとでは, 安定的ではあるものの学生最適でない. 実際, 次のマッチング μ' を考えてみよう.

$$\mu'(1) = 4, \; \mu'(2) = 6, \; \mu'(3) = 5$$

マッチング μ' が $\succsim$ のもとで安定的であることは容易に確かめられる. また

$$\mu'(1) \sim_1 \mu(1), \; \mu'(2) \succ_2 \mu(2), \; \mu'(3) \succ_3 \mu(3)$$

なので, μ' は μ を $\succsim^M$ のもとで学生側パレート改善している. つまり学校側の優先順位に同順位があるときには, 何らかのタイブレークにより同順位を解消して学生側 DA アルゴリズムを適用しても, 学生最適安定マッチングが得られるとは限らない.

この問題を解決するための 1 つの工夫は, μ が得られた後で, 学生による入学権の交換を, タイブレーク前の本来の $\succsim$ のもとでの安定性を壊さない限りにおいて, 認めることである. いまのケースでは, μ は学生 2 に学校 5, 学生 3 に学校 6 に行く権利を割り当てるわけだが, その入学権を互いに交換すれば μ' が得られる. そしてこの交換は, μ' が, $\succsim$ のもとで安定的であることから認められる. 実際, どのような安定マッチングからも, そのような交換をうまく繰り返すことで, 学生最適安定マッチングに到達できることがわかっている.

しかしこの改善方法は新たな問題を生む. 戦略的な偽の選好申告により本来とは異なる学校への入学権を得て, その後の交換を通じて, 別のより望ましい学校への入学権を得るという, インセンティブの問題が起こりうるからだ. こ

れを次の例で考えてみよう．

$$\succsim_1: 5\ 6\ 4 \qquad \succsim_4: 1\ 2\ 3$$
$$\succsim_2: 5\ 6\ 4 \qquad \succsim_5: 3\ [1\ 2]$$
$$\succsim_3: 4\ 5\ 6 \qquad \succsim_6: 3\ 2\ 1$$

ここで $\succsim_5$ のタイブレークを

$$\succsim_5': 3\ 1\ 2$$

により行い，$(\succsim_1, \succsim_2, \succsim_3, \succsim_4, \succsim_5', \succsim_6)$ に対して学生側 DA アルゴリズムを適用すれば，マッチング

$$(1♡5), (2♡6), (3♡4)$$

が得られる．このマッチングを更に学生側パレート改善することはできない．つまり入学権の交換をここで考える必要は無い．

しかし，もし学生 2 が $\succsim_2$ でなく

$$\tilde{\succsim}_2: 5\ 4\ 6$$

を戦略的に申告して，$(\succsim_1, \tilde{\succsim}_2, \succsim_3, \succsim_4, \succsim_5', \succsim_6)$ に学生側 DA アルゴリズムが適用されれば，マッチング

$$(1♡6), (2♡4), (3♡5)$$

が得られる．ここでもしプロセスが終了するなら

$$6 \succ_2 4$$

なので，学生 2 によるこの戦略的行動は失敗である．しかしこのマッチングは，タイブレーク前の本来の $(\succsim_1, \tilde{\succsim}_2, \succsim_3, \succsim_4, \succsim_5, \succsim_6)$ のもとで安定的ではあるもの

155

の，学生最適ではない．よって上述の入学権の交換がプロセスに加わる．それは，学生 2 と 3 による入学権の交換であり，結果として

$$(1♡6), (2♡5), (3♡4)$$

が得られる．このマッチングは $(\succsim_1, \succsim_2, \succsim_3, \succsim_4, \succsim_5, \succsim_6)$ のもとで学生最適安定マッチングとなっている．よってここでプロセスは終了する．結果的に

$$5 \succ_2 6$$

なので，学生 2 の戦略的行動は功を奏したことになる．

　学生側 DA アルゴリズムのもとでは，学生は常に自分の真の選好を申告することが最適だが，学生側パレート改善のためにアルゴリズムに修正を加えると，その性質が満たされなくなるわけである．つまり，学生側パレート改善の実行と，学生側耐戦略性の維持にはトレードオフがある．

　なお，上で述べた戦略的操作の問題は，もう 1 つのタイブレーク

$$\succsim_5'': 3\ 2\ 1$$

のもとでも発生する．$(\succsim_1, \succsim_2, \succsim_3, \succsim_4, \succsim_5'', \succsim_6)$ に対して学生側 DA アルゴリズムを適用すれば，マッチング

$$(1♡6), (2♡5), (3♡4)$$

が得られる．しかし，もし学生 1 が $\succsim_1$ でなく

$$\succsim_1': 5\ 4\ 6$$

を申告すれば，学生側 DA アルゴリズムはマッチング

$$(1♡4), (2♡6), (3♡5)$$

を導き，そしてその後の入学権の交換により

$$(1♡5), (2♡6), (3♡4)$$

が得られる．$5 \succ_1 6$ なので，この戦略的操作により学生 1 は得をする．

9.5　まとめ

　本章で論じたマッチング問題の特徴は，片側（学校側）を，もう片側（学生側）に配分する財のように扱った点にある．これに伴い，学校側の選好は固定された優先順位として解釈され，戦略的操作は学生側によるものだけを考えればよいことになった．また，効率性の定義も学生側の選好のみに基づき定められた．学生側 DA アルゴリズムが導く安定マッチングは他の安定マッチングをいずれも学生側パレート改善するものの，安定的でないマッチングにより学生側パレート改善されうる．つまり学生最適安定マッチングではあるが，学生側効率性は満たさない．

　公立学校マッチングにおいては，学生への優先順位に同順位が存在すると考える方が現実的である．このときタイブレークを行い学生側 DA アルゴリズムを用いると，このマッチングは「タイブレークのもとでの学生最適安定マッチング」ではあるものの，「タイブレークしないときの (つまり本来の) 学生最適安定マッチング」であるとは限らない (ただし安定マッチングではある)．この問題を解消する 1 つの方法は，安定性を崩さない限りにおいて入学権の交換を認めることであるが，それを認めた場合，学生にとって真の選好を正直に申告することが常に最適になるとは限らなくなる．

　ここでは学生側 DA アルゴリズムを軸として議論を行ったが，第 5 章で論じた TTC アルゴリズムを，学校マッチングで用いることも可能である．その場合は，1 つの空き部屋が，ある学校への 1 つの入学権に対応し，入学権が優先順位

を持つよう設定することになる．本書の執筆時点では，学校マッチングの文脈においては，学生側 DA アルゴリズムが中心的な役割を果たしており，TTC アルゴリズムよりも支持を得ているように思われる．とはいえ，優先順位に同順位が多く存在するときの，学生側 DA アルゴリズムの実際的な性能についてはまだ不明な点が多く，これは現在，研究が盛んに行われているトピックである．

文献補足

　学校マッチングは一対多マッチングの応用として，Balinski and Sönmez (1999) や Abdulkadiroglu and Sönmez (2003) らにより本格的に分析されるようになった．第9.3節で扱った，学生最適安定マッチングが学生側効率性を満たさない例は Roth (1982b) によるものである．第9.4節で展開した議論は Erdil and Ergin (2008) に基づく．近年のアメリカにおける学校マッチング方式の変更については，Abdulkadiroglu, Pathak, and Roth (2005), Abdulkadiroglu, Pathak, Roth, and Sönmez (2005, 2006) などが詳しい．マッチング理論を用いて日米の学校選択制を分析した書籍に安田 (2010) がある．

関連文献

トピック一般に関する文献

本書で扱ったトピック一般に関する文献をいくつか挙げておく．Krishna (2002, 2009) と Milgrom (2004) はオークション理論についての専門書であり，横尾 (2006) は入門書である．McMillan (2002) はオークションのみならず市場経済についてのきわめて興味深い逸話を多く含む一般向け書籍である．Roth and Sotomayor (1990) はマッチング理論に関する比較的初期の研究をまとめたバイブル的な専門書である．坂井・藤中・若山 (2008) は，メカニズムデザイン一般および第 2, 5, 7, 8 章で扱った内容の多くについて，本書より専門性の高い議論を展開している．

Krishna, V. (2002, 2009) *Auction Theory* (1st, 2nd ed), Academic Press.

McMillan, J. (2002) *Reinventing the Bazaar*, W.W. Norton. 瀧澤弘和，木村友二 (訳)『市場を創る ——バザールからネット取引まで』NTT 出版，2007 年．

Milgrom, P. (2004) *Putting Auction Theory to Work*, Cambridge University Press. 川又邦雄，奥野正寛 (監訳)，計盛英一郎，馬場弓子 (訳)『オークション理論とデザイン』東洋経済新報社，2007 年．

Roth, A.E. and Sotomayor, M. (1990) *Two-Sided Matching: A Study in Game-Theoretic Modeling and Analysis*, Cambridge University Press.

坂井豊貴,藤中裕二,若山琢磨 (2008)『メカニズムデザイン ——資源配分制度の設計とインセンティブ』ミネルヴァ書房.

横尾真 (2006)『オークション理論の基礎 ——ゲーム理論と情報科学の先端領域』東京電機大学出版局.

各章の文献補足で言及した文献

Abdulkadiroglu, A., Pathak, P.A., and Roth, A.E. (2005) "The New York City High School Match," *American Economic Review, Papers and Proceedings* Vol. 95, pp. 364-367.

Abdulkadiroglu, A., Pathak, P.A., Roth, A.E., and Sönmez, T. (2005) "The Boston Public School Match," *American Economic Review, Papers and Proceedings* Vol. 95, pp. 368-371.

Abdulkadiroglu, A., Pathak, P.A., Roth, A.E., and Sönmez, T. (2006) "Changing the Boston School Choice Mechanism: Strategy-proofness as Equal Access," NBER Working Paper 11965.

Abdulkadiroglu, A. and Sönmez, T. (1998) "Random Serial Dictatorship and the Core from Random Endowments in House Allocation Problems," *Econometrica* Vol. 66, pp. 689-701.

Abdulkadiroglu, A. and Sönmez, T. (1999) "House Allocation with Existing Tenants," *Journal of Economic Theory* Vol. 88, pp. 233-260.

Abdulkadiroglu, A. and Sönmez, T. (2003) "School Choice: A Mechanism Design Approach," *American Economic Review* Vol. 93, pp. 729-747.

関連文献

Alcalde, J. and Barberà, S. (1994) "Top Dominance and the Possibility of Strategy-proof Stable Solutions to Matching Problems," *Economic Theory* Vol. 4, pp. 417-435.

Ausubel, L.M. (2004) "An Efficient Ascending-bid Auction for Multiple Objects," *American Economic Review* Vol. 94, pp. 1452-1475.

Ausubel, L.M. and Cramton, P. (2002) "Demand Reduction and Inefficiency in Multi-unit Auctions," Working Paper, University of Maryland.

Balinski, M. and Sönmez, T (1999) "A Tale of Two Mechanisms: Student Placement," *Journal of Economic Theory* Vol. 84, pp. 73-94.

Binmore, K. and Swierzbinski, J. (2000) "Treasury Auctions: Uniform or Discriminatory?" *Review of Economic Design* Vol. 5, pp. 387-410.

Bulow, J. and Klemperer, P. (1996) "Auctions Versus Negotiations," *American Economic Review* Vol. 86, pp. 180-194.

Clarke, E.H. (1971) "Multipart Pricing of Public Goods," *Public Choice* Vol. 11, pp. 17-33.

Dubins, L.E. and Freedman, D.A. (1981) "Machiavelli and the Gale-Shapley Algorithm," *American Mathematical Monthly* Vol. 88, pp. 485-494.

Engelbrecht-Wiggans, R. (1988) "Revenue Equivalence in Multi-object Auctions," *Economics Letters* Vol. 26, pp. 15-19.

Engelbrecht-Wiggans, R. and Kahn, C.M. (1998) "Multi-unit Auctions with Uniform Prices," *Economic Theory* Vol. 12, pp. 227-258.

Erdil, A. and Ergin, H. (2008) "What's the Matter with Tie-breaking? Improving Efficiency in School Choice," *American Economic Review* Vol. 98, pp. 669-689.

Foley, D. (1967) "Resource Allocation and the Public Sector," *Yale Economic Essays* Vol. 7, pp. 45-98.

Fujinaka, Y. and Sakai, T. (2010) "Mechanism Design and the Manipulation Games of Fair Division," Working Paper, Tokyo Metropolitan University and Yokohama National University.

Fujinaka, Y., Sakai, T., and Sakaue, S. (2010) "Choosing Someone with Monetary Transfers: A Comprehensive Analysis," Working Paper, Tokyo Metropolitan University, Yokohama National University, and Keio University.

Gale, D. and Shapley, L. (1962) "College Admissions and the Stability of Marriage," *American Mathematical Monthly* Vol. 69, pp. 9-15.

Groves, T. (1973) "Incentives in Teams," *Econometrica* Vol. 41, pp. 617-631.

Hatfield, J.W. and Kojima, F. (2009) "Group Incentive Compatibility for Matching with Contracts," *Games and Economic Behavior* Vol. 67, pp. 745-749.

Hatfield, J.W. and Milgrom, P.R. (2005) "Matching with Contracts," *American Economic Review* Vol. 95, pp. 913-935.

Hölmström, B. (1979) "Groves' Schemes on Restricted Domains," *Econometrica* Vol. 47, pp. 1137-1144.

Jackson, M.O. (2003) "Mechanism Theory," in *Optimization and Operations Research* (eds. Derigs, U.), in the Encyclopedia of Life Support Systems, EOLSS Publishers.

Kirkegaard, R. (2006) "A Short Proof of the Bulow-Klemperer Auctions vs. Negotiations Result," *Economic Theory* Vol. 28, pp. 449-452.

Krishna, V. and Perry, M. (1998) "Efficient Mechanism Design," Working Paper, Pennsylvania State University.

Lucking-Reiley, D. (2000) "Vickrey Auctions in Practice: From Nineteenth-century Philately to Twenty-first-century E-commerce," *Journal of Economic Perspectives* Vol. 14, pp. 183-192.

McAfee, R.P. (1992) "A Dominant Strategy Double Auction," *Journal of Economic Theory* Vol. 56, pp. 434-450.

Milgrom, P. (2000) "Putting Auction Theory to Work: The Simultaneous Ascending Auction," *Journal of Political Economy* Vol. 108, pp. 245-272.

Milgrom, P. (2004) *Putting Auction Theory to Work*, Cambridge University Press.

Myerson, R.B. (1981) "Optimal Auction Design," *Mathematics of Operations Research* Vol. 6, pp. 58-73.

Myerson, R.B. and Satterthwaite, M.A. (1983) "Efficient Mechanisms for Bilateral Trading," *Journal of Economic Theory* Vol. 29, pp. 265-281.

Ohseto, S. (2000) "Strategy-proof and Efficient Allocation of an Indivisible Good on Finitely Restricted Preference Domains," *International Journal of Game Theory* Vol. 29, pp. 365-374.

Riley, J.G. and Samuelson, W.F. (1981) "Optimal Auctions," *American Economic Review* Vol. 71, pp. 381-392.

Robinson, M.S. (1985) "Collusion and the Choice of Auction," *RAND Journal of Economics* Vol. 16, pp. 141-145.

Roth, A.E. (1982a) "Incentive Compatibility in a Market with Indivisible Goods," *Economics Letters* Vol. 9, pp. 127-132.

Roth, A.E. (1982b) "The Economics of Matching: Stability and Incentives," *Mathematics of Operations Research* Vol. 7, pp. 617-628.

Roth, A.E. (1984) "The Evolution of the Labor Market for Medical Interns and Residents: A Case Study in Game Theory," *Journal of Political Economy* Vol. 92, pp. 991-1016.

Roth, A.E. (1985) "The College Admissions Problem is not Equivalent to the Marriage Problem," *Journal of Economic Theory* Vol. 36, pp. 277-288.

Roth, A.E. (2003) "The Origins, History, and Design of the Resident Match," *Journal of the American Medical Association* Vol. 289, pp. 909-912.

Roth, A.E. (2008) "Deferred Acceptance Algorithms: History, Theory, Practice, and Open Questions," *International Journal of Game Theory* Vol. 36, pp. 537-569.

Roth, A.E. and Peranson, E. (1999) "The Redesign of the Matching Market for American Physicians: Some Engineering Aspects of Economic Design," *American Economic Review* Vol. 89, pp. 748-780.

Roth, A.E. and Postlewaite, A. (1977) "Weak Versus Strong Domination in a Market with Indivisible Goods," *Journal of Mathematical Economics* Vol. 4, pp. 131-137.

Roth A.E., Sönmez, T., and Ünver, M.U. (2004) "Kidney Exchange," *Quarterly Journal of Economics* Vol. 119, pp. 457-488.

Roth A.E., Sönmez, T., and Ünver, M.U. (2005) "Pairwise Kidney Exchange," *Journal of Economic Theory* Vol. 125, pp. 151-188.

Saitoh, H. and Serizawa, S. (2008) "Vickrey Allocation Rule with Income Effect," *Economic Theory* Vol. 35, pp. 391-401.

Sakai, T. (2008) "Second Price Auctions on General Preference Domains: Two Characterizations," *Economic Theory* Vol. 37, pp. 347-356.

Sakai, T. (2011) "A Note on Strategy-proofness from the Doctor Side in Matching with Contracts," *Review of Economic Design* Vol. 15, pp. 337-342.

Schummer, J. (2000) "Eliciting Preferences to Assign Positions and Compensation," *Games and Economic Behavior* Vol. 30, pp. 293-318.

Shapley, L.S. and Scarf, H. (1974) "On Cores and Indivisibility," *Journal of Mathematical Economics* Vol. 1, pp. 23-28.

Tadenuma, K. and Thomson, W. (1993) "The Fair Allocation of an Indivisible Good When Monetary Compensations are Possible," *Mathematical Social Sciences* Vol. 25, pp. 117-132.

Tadenuma, K. and Thomson, W. (1995) "Games of Fair Division," *Games and Economic Behavior* Vol. 9, pp. 191-204.

Vickrey, W. (1961) "Counterspeculation, Auctions, and Competitive Sealed Tenders," *Journal of Finance* Vol. 16, pp. 8-37.

Vickrey, W. (1962) "Auction and Bidding Games," in *Recent Advances in Game Theory* (eds. Morganstern, O. and Tucker, A.), Princeton University Press.

Yokoo, M., Sakurai, Y., and Matsubara, S. (2004) "The Effect of False-name Bids in Combinatorial Auctions: New Fraud in Internet Auctions," *Games and Economic Behavior* Vol. 46, pp. 174-188.

上田晃三 (2010)「オークションの理論と実際：金融市場への応用」金融研究 第29巻 第1号, pp. 47-90.

岡田章, 大道典子 (1996)「職場における人員配置問題 ——マッチング・ゲーム理論の適用例」オペレーションズ・リサーチ Vol. 41, pp. 683-690.

坂井豊貴 (2009)「公平分担問題における社会的選択, メカニズムデザイン, 経済実験」池田新介, 市村英彦, 伊藤秀史 編『現代経済学の潮流2009』第5章, 東洋経済新報社.

佐々木宏夫 (2004)「マッチング問題とその応用 ——大学入学者選抜の事例研究（ゲーム理論と離散数学の出会い）」日本オペレーションズ・リサーチ学会 シンポジウム予稿集 Vol. 51, pp. 25-43.

高宮浩司 (2008)「臓器売買なしに移植を増やす方法」 大竹文雄 編『こんなに使える経済学』第 1 章, 筑摩書房.

田村明久 (2009)『離散凸解析とゲーム理論』朝倉書店.

日本銀行金融研究所 編 (2004)『新しい日本銀行 ——その機能と業務 (増補版)』第 10 章, 有斐閣.

安田洋祐 編著 (2010)『学校選択制のデザイン ——ゲーム理論アプローチ』NTT 出版.

索引

あ行

安定性（stability） 111, 114, 119, 132, 137, 140, 149
一様分布（uniform distribution） 23, 37
イングリッシュ・オークション（English auction） 17
VCGオークション（VCG auction） 47, 54
受け手（recipient） 70
売り手（seller） 62
オークションルール（auction rule） 6, 43, 54

か行

買い手（buyer） 62
架空名義入札（false-name bid） 58
学生側パレート改善（student Pareto improvement） 149
学生効率的（student efficient） 149
学生最適（student optimal） 149
確率密度（probability density） 34
過少ビッド（demand reduction） 47
勝ちビッド（winning bid） 43
期待収入（expected revenue）
　第1価格オークションのもとでの——
　　（under the first price auction） 26
　第2価格オークションのもとでの——
　　（under the second price auction） 26
期待利得（expected payoff） 36
キャパシティー（capacity） 136
強コア配分（strict core allocation） 89
許容可能（acceptable） 130, 138, 148
均等確率優先順位ルール（random serial dictatorship） 93
結婚マッチング（marriage matching） 111
限界利得（marginal payoff） 42
公開型（open bid） 16
公平分担問題（fair imposition problem） 62, 70
公立学校マッチング（public school matching） 147
効率的（efficient） 5, 75, 80, 86, 99, 104, 107, 114
国債（government bond） 44, 47
個人合理性（individual rationality） 14, 63, 64, 80, 113, 136

さ行

サイクル（cycle） 84
最高入札者（highest bidder） 7
最高評価者（highest valuer） 4
最適オークション（optimal auction） 31
差別価格オークション（discriminatory price auction） 41
次点価格オークション（uniform price

auction) 42, 45, 47, 48
支配される戦略（dominated strategy） 74
支配戦略（dominant strategy） 13
社会的余剰（social surplus） 5
住宅市場問題（housing market problem） 79
収入同値定理（revenue equivalence theorem） 27
出願可能（able to apply） 138
上位落札性（standardness） 7, 14, 43, 54, 63, 64
勝者（winner） 4
初期配分（initial allocation） 80
腎臓マッチング（kidney matching） 101
競り上げ式オークション（ascending auction） 17
競り下げ式オークション（descending auction） 19
選好（preference） x, 79
戦略（strategy） 24

た行

第1価格オークション（first price auction） 8, 20, 24, 26
第k価格オークション（k-th price auction） 13
タイケース（tie-case） x, 7
対称的（symmetric） 23
対称ベイジアンナッシュ均衡（symmetric Bayesian Nash equilibrium） 25
耐戦略性（strategy-proofness） 12, 14, 44, 47, 48, 54, 55, 63, 64, 91, 99

学生側――（student） 156
女性側――（woman） 134
人員側――（agent） 140
男性側――（man） 133, 134
部門側――（department） 140
第2価格オークション（second price auction） 10, 11, 14, 20, 26, 28, 32
タイブレーク（tie-break） 152
ダッチ・オークション（Dutch auction） 19
ダブルオークション（double auction） 61, 62
単一需要（unit demand） 41
談合（collusion） 16, 19
ディファード・アクセプタンス・アルゴリズム（＝DAアルゴリズム）（deferred acceptance algorithm） 111, 116, 119, 130, 137, 140, 141, 145, 149
同時競り上げ式オークション（simultaneous ascending auction） 57
トップ・トレーディング・サイクル・アルゴリズム（＝TTCアルゴリズム）（top trading cycle algorithm） 82, 85, 89, 97, 157

な行

ナッシュ均衡（Nash equilibrium） 49, 74
二重確率行列（bistochastic matrix） 94
入札者の参入（entry of a new bidder） 31

は行

バーコフ＝フォン・ノイマンの定理（Birkhoff-von Neumann theorem） 95

索　引

敗者（loser）　4
配分（allocation）　70, 80
配分ルール（allocation rule）　91
パレート改善（Pareto improvement）　80, 104
非受け手（non-recipient）　70
ビッド（bid）　5
ビッド関数（bid function）　54
ビッド支払オークション（pay-as-bid auction）　41, 44
ビッドベクトル（bid vector）　43
評価関数（valuation function）　54
評価値（valuation）　3, 62
評価値ベクトル（valuation vector）　42
封印型（sealed bid）　5
フェアメカニズム（fair mechanism）　71
複数需要（multi demand）　42
ブロック（block）　114, 137
プロポーズ（propose）　117
プロポーズ可能（able to propose）　130
ペア交換（pairwise exchange）　101
ボストン方式（Boston mechanism）　142

ま行

マカフィーオークション（McAfee auction）　69
負けビッド（losing bid）　43
マッチング（matching）　113, 136
マッチング・ウィズ・コントラクツ（matching with contracts）　145
マッチングルール（matching rule）　133
無支配ナッシュ均衡（undominated Nash equilibrium）　74
無羨望（no-envy）　75, 148

や行

優先順位（priority ordering）　92, 148
予算バランス（budget balance）　61, 64

ら行

リスク回避的（risk averse）　28
リスク中立的（risk neutral）　28, 37
利得（payoff）　4
利得関数（payoff function）　4
留保価格（reserve price）　6, 28
留保価格 r を伴う第2価格オークション（second price auction with reserve price r）　28

《著者紹介》

坂井豊貴（さかい・とよたか）

慶應義塾大学経済学部教授．ロチェスター大学経済学博士課程修了（Ph.D）．横浜市立大学准教授，横浜国立大学准教授等を経て，2014年より現職．2020年にEconomics Design Inc. を共同創業，取締役に着任．不動産，金融商品，NFTのオークション設計をはじめ，多くのビジネス実装を手掛ける．

著書・論文 『メカニズムデザイン』（藤中裕二，若山琢磨との共著）ミネルヴァ書房（2008年），『マーケットデザイン』ちくま新書（2013年），『多数決を疑う』岩波新書（2015年），『暗号通貨 vs. 国家』SB新書（2019年），"Non-manipulable division rules in claim problems and generalizations" (with Biung-Ghi Ju and Eiichi Miyagawa) *Journal of Economic Theory* (2007), "Fair waste pricing: an axiomatic analysis to the NIMBY problem" *Economics Theory* (2012) ほか多数．

マーケットデザイン入門 ——オークションとマッチングの経済学——	
2010年10月30日　初版第1刷発行 2022年3月10日　初版第6刷発行	〈検印省略〉 定価はカバーに 表示しています

著　者	坂　井　豊　貴
発 行 者	杉　田　啓　三
印 刷 者	坂　本　喜　杏

発行所　株式会社　ミネルヴァ書房
607-8494　京都市山科区日ノ岡堤谷町1
電話代表（075）581-5191
振替口座　01020-0-8076

Ⓒ坂井豊貴，2010　　冨山房インターナショナル・新生製本

ISBN978-4-623-05911-9
Printed in Japan

メカニズムデザイン
　　　　　　　　——坂井豊貴／藤中裕二／若山琢磨 著　A5判上製カバー　244頁　本体2600円
●資源配分制度の設計とインセンティブ　2007年ノーベル経済学賞受賞の新理論を，最先端研究の動向を紹介しつつ詳細な解説を行う。

ミクロ経済学
　　　　　　　　——林　貴志 著　A5判美装カバー　320頁　本体2800円
個人の意思決定・市場理論から，初歩的なゲーム理論・社会的選択までを明解な数学モデルで詳しく解説する。

Stataで計量経済学入門
　　——筒井淳也／平井裕久／秋吉美都／水落正明／坂本和靖／福田亘孝 著　A5判美装カバー　216頁　本体2800円
パネルデータ分析，サバイバル分析などの分析を容易に行うStataを通して計量経済学を学ぶ。

リスクの経済思想
　　　　　　　　——酒井泰弘 著　A5判上製カバー　282頁　本体3500円
リスクの経済学の先駆者スミスとベルヌーイに加え，ナイト，ノイマン，ケインズやロビンソンの思考を考察。新しい経済学の方向性を模索する。

金融契約の経済理論
　　　　　　　　——宇惠勝也 著　A5判上製カバー　250頁　本体5000円
●最適貸付契約の設計とインセンティブ　契約理論の金融取引への応用を行い，金融契約の理論を統一的テーマとして扱う。

入門 経済学（オイコノミカ）［増訂版］
　　　　　　　　——森田雅憲 著　4-6判上製カバー　320頁　本体2800円
豊かさを経済学がどこに見出してきたかを縦糸に理論を解説。理論の必要性と改めて学ぶ点はどこかを探る。

――――――――ミネルヴァ書房――――――――
https://www.minervashobo.co.jp/